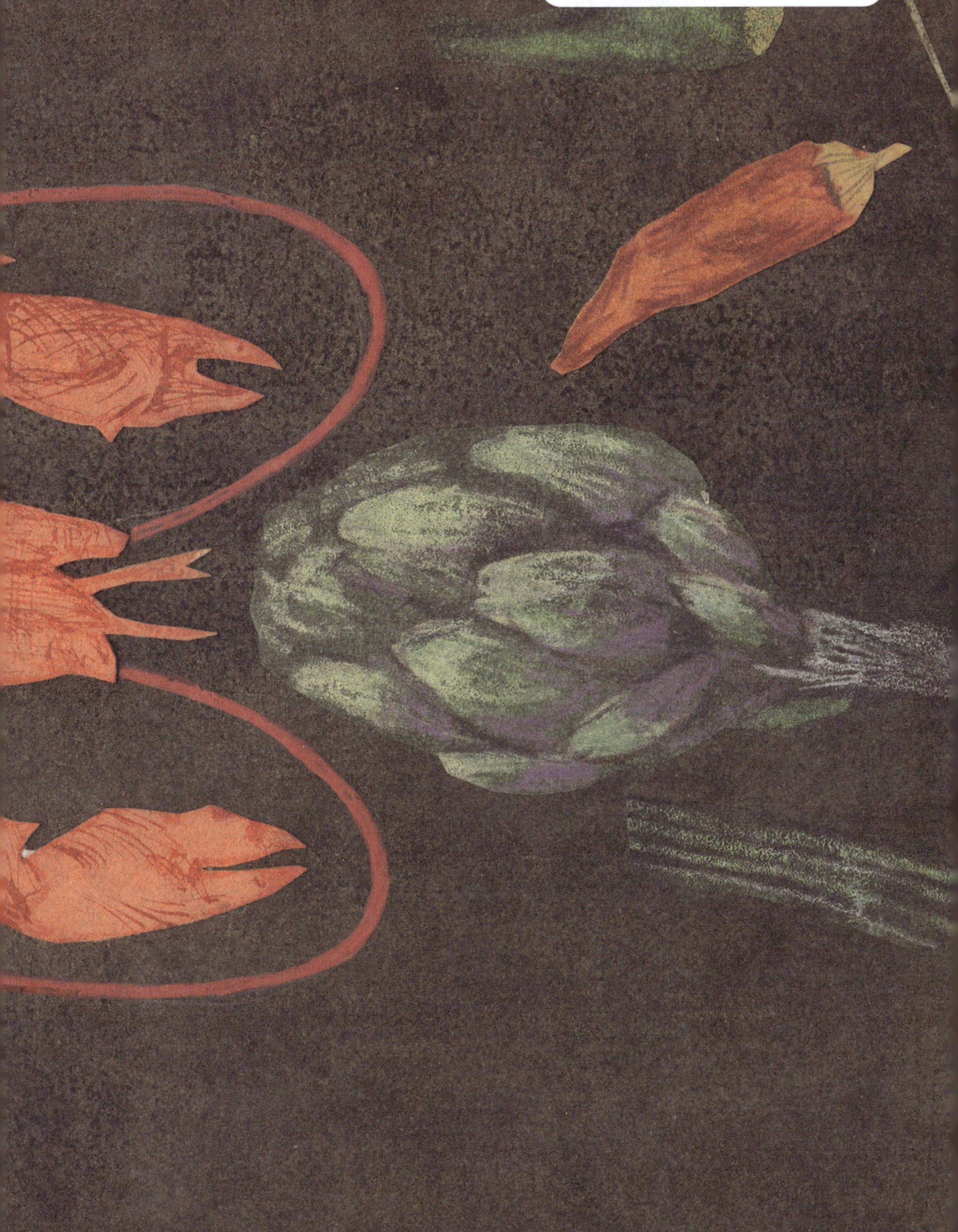

Margot Fischer

Bayou

Creole & Cajun
Kochen in Louisiana

mandelbaum *verlag*

www.mandelbaum.at

ISBN 978-3-85476-420-5

3. Auflage 2013

Lektorat: Inge Fasan
Umschlaggestaltung und Satz: Michael Baiculescu
Umschlagillustration, Vor- und Nachsatz: Linda Wolfsgruber
Druck: CPI Clausen & Bosse, Leck

Inhalt

»Laissez les bons temps rouler!«

Die Küche von New Orleans und Louisiana

»Lasst es Euch gut gehen«, so lautet das Motto der Menschen in Louisiana. Sie verstehen das Leben zu genießen. Die unbändige Lebensfreude äußert sich in der weltweit beliebten Musik ebenso wie in der berühmten Küche. Joe Cahn, Leiter der New Orleans School of Cooking, beschreibt den Stellenwert des Essens folgendermaßen: »In Süd-Louisiana betrachten wir Essen nicht einfach als Nahrung, sondern als herrlichen Lebensstil. Wir möchten bei jedem Bissen ›Wow!‹ ausrufen, in die Hände klatschen und vor Vergnügen grunzen. Beim Essen kann niemand jemals falsch liegen – es ist die einzige Sache der Welt, bei der man einen individuellen Geschmack haben darf. Für uns ist das Essen nicht bloß auf dem Teller – es ist in unseren Herzen.«

Bis heute blieben New Orleans und sein Umland eine Enklave für Hedonisten. Fernab vom puritanischen Rest der Nation mit ihren Fast-Food-Ketten behielt der Alte Süden in der Architektur, den Festen, der Musik und nicht zuletzt in der unvergleichlichen Küche seine Eigenständigkeit.

1682 erklärte der französische Abenteurer Robert Cavalier, Sieur de la Salle, die Region am Unterlauf des Mississippi zum Besitz Ludwigs des XIV. Im Jahr 1715 entwarf John Law, ein Finanzgenie und Lebemann im Gefolge Ludwigs des XV., einen Plan zur Werbung für Louisiana als Investitionsobjekt. In der Folge wuchs die Bevölkerungszahl in der Kolonie drastisch, obwohl die sumpfige Landschaft und ein Hurrikan das Projekt anfangs behinderten, sodass die Siedlung lange Zeit aus nicht viel mehr als ein paar schäbigen Hütten bestand.

Seit Beginn der Kolonialisierung Louisianas verrichteten schwarze Sklaven die Schwerarbeit. Sie sollten im katholischen Glauben unterwiesen werden. Lebensgemeinschaften oder die Heirat von Schwarzen mit Weißen waren verboten.

Die Gründung eines Ursulinenkonvents 1727 und die Ankunft mehrerer Schiffsladungen heiratswilliger Mädchen brachte etwas Kultur und Stabilität unter die rauhen Siedler.

Finanzielle und politische Niederlagen, darunter der Verlust Kanadas 1760, veranlassten Ludwig XV. 1762, Louisiana im Geheimvertrag von Fontainebleau an seinen Cousin Karl III. von Spanien abzutreten.

Einen Rückschlag erfuhr die Entwicklung von New Orleans 1788 durch einen Großbrand, der so gut wie die gesamte Stadt vernichtete. Der Wiederaufbau verwandelte die ehemalige französische Provinzstadt in eine spanische Stadt mit gemauerten Häusern und schattigen Innenhöfen.
1794 machte der zweite Großbrand die architektonische Verwandlung von New Orleans in eine spanische Stadt vollständig. Napoleon drängte Spanien zur Rückgabe der Kolonie an Frankreich, die 1800 im Vertrag von San Ildefonso besiegelt wurde.
Der amerikanische Präsident Thomas Jefferson betrachtete die Herrschaft Frankreichs als Hindernis für den Handel mit dem Norden und entsandte 1803 James Monroe zu Napoleon. Der verkaufte gleich ganz Louisiana an die Vereinigten Staaten, da er nicht glaubte, die Kolonie halten zu können. Zu dieser Zeit hatte New Orleans etwas mehr als 8.000 Einwohner. Die Straßen waren nicht gepflastert und die offenen Abflusskanäle voller verrottender Abfälle verpesteten die Luft. Bei Ausbruch des Amerikanischen Bürgerkriegs zählte die Stadt schon 168.000 Einwohner, und immer mehr Anglo-Amerikaner siedelten sich in der vielversprechenden Metropole an. Die *Creoles* betrachteten diese Entwicklung skeptisch und schlossen sich mit Einwanderern aus Frankreich dagegen zusammen.
1861 trat Louisiana aus der Union der Vereinigten Staaten aus, doch abgesehen von einigen Plünderungen und Brandstiftungen überstand New Orleans den Bürgerkrieg relativ unversehrt. 1864 wurde die Sklaverei offiziell abgeschafft.
In der zweiten Hälfte des 19. Jahrhunderts war die Wirtschaft von New Orleans auf einem Tiefpunkt und ein Großteil der Bevölkerung arbeitslos. Dann belebten der Bau von Hafenanlagen und die Anbindung an die Eisenbahn den Handel. Baumwoll- und Zuckerindustrie verzeichneten einen stetigen Zuwachs und die Weltausstellung 1884/85 war ein ökonomischer Erfolg.
Anfang des 20. Jahrhunderts war New Orleans die Geburtsstadt des Jazz. In der Ära von Storyville, dem einzig legalen Bordelldistrikt der gesamten Nation, entwickelte sich dieser Musikstil, der bald die ganze Welt begeisterte. Einwanderer aus zahlreichen Ländern, für die die Stadt zum kulturellen Schmelztiegel wurde, machten die Küche von New Orleans und Louisiana zu einer Mischung der weltweit besten Elemente französischer, spanischer, schwarzafrikanischer, indianischer, karibischer, italienischer, irischer und deutscher kulinarischer Tradition. Die Seen und die Flüsse, das Meer und Wälder voller Wild sowie ein fruchtbarer Boden taten das Ihre dazu.

Die Zutaten der kreolischen und Cajun-Küche

Absinth

Im ausgehenden 19. Jahrhundert war Absinth das Kultgetränk der Bohème. Die »grüne Muse« spornte durch ihre narkotische Wirkung so manchen Künstler zu erhöhter Kreativität an. Oscar Wilde sagte: »Nach dem ersten Glas sieht man die Dinge so, wie man sie gerne hätte. Nach dem zweiten Glas sieht man die Dinge so, wie sie nicht sind. Nach dem dritten Glas sieht man die Dinge so, wie sie wirklich sind, und das ist das Allerschlimmste.«

1805 baute Henri Louis Pernod eine Fabrik in Frankreich und begann mit dem Export des Getränks, unter anderem nach Louisiana. In der *Old Absinthe Bar* von New Orleans kann man noch einen ausgedienten Absinth-Tropf bestaunen. Ein gelochter Aufsatz mit Eis lag auf einem Ballonglas mit grünem Absinth. Das langsame Hinzufügen von Wasser gab der Mischung die erwünschte gelbliche Farbe und das trockene Aroma. Zur Milderung des bitteren Geschmacks zuckerte man den Absinth. Der Schnaps mit Anisgeschmack wurde 1912 verboten, da die zur Herstellung verwendeten Zutaten Wermut und Anis in großen Mengen gesundheitsschädlich sind. Eine harmlosere Version des Getränks entsteht durch Ansetzen von Wermut mit Anis ohne weitere Destillation (Rezept im Kapitel *The Magical Soupstone*). Absinth mit einer gesetzlich vorgeschriebenen Höchstmenge an Thujon ist heute im gut sortierten Handel erhältlich.

Ahornsirup

Schon die Indianer ritzten die Ahornbäume zur Gewinnung des süßen Safts an. Sie legten glühende Steine in den Rohsaft, um ihn einzudicken und haltbar zu machen. Die weißen Siedler bohrten Löcher in die Rinde und kochten die Flüssigkeit über offenem Feuer ein.

Zu Beginn der Erntezeit wird der mildeste und hellste Saft gewonnen der *Grade AA*. Man nimmt ihn für Kuchenglasuren und feine Süßigkeiten. Die Standardsorte ist der *Grade medium*. Er ist stärker im Geschmack und kommt auf Pancakes und Waffeln sowie in den *Pecan Pie*. *Grade A dark* und *Grade B* sind dunkler und noch kräftiger im Geschmack – geeignet für Bohnengerichte, Fleisch, Yamwurzeln und kräftig schmeckende Desserts.

Alligator

In Louisiana wird der *Alligator mississippiensis* in großen Farmen gezüchtet und gerne gebacken oder als Ragoût verspeist. Am besten schmeckt das Schwanzfleisch. Als Ersatz eignen sich Hühnerbrüste oder Hummer.

Andouille

Es handelt sich um eine geräucherte Cajun-Wurst aus Schweinefleisch, die hauptsächlich als würzende Beigabe zum *Gumbo* Verwendung findet. Die Cajuns sagen, dass die Andouille sogar einen Tannenzapfen zu einem schmackhaften Gericht macht.

Artischocke

Die Herzen serviert man häufig als Vorspeise und in Schmortöpfen. Ein New-Orleans-Klassiker ist Austernsuppe mit Artischocken.

Asche

Die Indianer benutzen Holzasche für die Zubereitung von Mais, als Gewürz und als Triebmittel für Maisbrot. Die Creek und Seminolen verwenden Hickory-Holz, die Navajo Wacholderzweige und die Hopi den Chamisa Bush *(Adenostoma fasciculatum).*

Auberginen siehe Melanzani

Austern

In Louisiana mischt sich das Salzwasser des Golfs von Mexico mit dem Süßwasser der Flüsse und Seen. Die *Plaquemines Parish Oysters* sind dadurch besonders saftig und salzig. Der Saft der Austern wird mitverwendet oder als Würzmittel benutzt; wichtig sind Frische und Herkunft. Austern filtern etwa 400 Liter Wasser täglich, sie nehmen daher den Geschmack ihrer Umgebung an. – Öffnen der Austern: Ein Küchentuch um die Auster legen, mit dem Austermesser in die Lücke am Scharnier der Schalen stechen und diese mit einer kräftigen Drehbewegung trennen. Dann den Muskel mit dem Messer von der Schale entfernen, die Auster abspülen und in die Schale zurücklegen.
Die Indianer schätzen Austern seit Jahrtausenden. Die Siedler aus der Alten Welt verzehrten sie gebraten, gegrillt, gebacken, in Suppen, Gumbos, Ragoûts, Omelettes und Pastetchen und im Weihnachtstruthahn. Französische Küchenchefs entdeckten sie als feinen Ersatz für die in New Orleans schwer erhältlichen Weinbergschnecken. Ein Klassiker aus New Orleans, die *Oysters Rockefeller*, werden nach dem Rezept für *Escargots bour-*

guignons zubereitet. In New Orleans sind Austern von keiner Speisekarte wegzudenken. Es existieren sogar eigene *Oyster Bars* und *Oyster Houses*. Anfang des 20. Jahrhunderts bestand das Samstagabendprogramm nicht selten aus einem Stadtrundgang, auf dem in jedem guten Restaurant ein Austerngericht verspeist wurde. Austernschalen dienten jahrhundertelang als Material zur Ziegelherstellung und zur Einfassung von Wegen.

Avocado

Von den Azteken *ahuacatl* genannt, wurde sie schon früh von den Indianern angebaut, die sie als Nahrungsmittel und für Öl, Seifen und Cremes benutzten. Die Avocado hemmt außerdem die Insulinausschüttung und wirkt als Schlankmacher.

Basilikum

Anhänger des Voodookultes benutzen das Kraut zur Abwehr des bösen Blicks; es wirkt krampflösend und beruhigend.

Süßkartoffel/Batate

Christoph Columbus brachte die Batate nach Europa. Je nach Sorte hat die dicke längliche Knolle eine helle oder dunkle Schale. Das Fleisch ist gelb, rosa oder rot. Die gelbfleischigen Sorten haben ein maronenartiges Aroma, die rotfleischigen Bataten sind etwas süßer und bestechen durch ein zartes Veilchenaroma; sie sind für die Zubereitung von Püree, Gratins, Pommes frites und Desserts geeignet.

Blaukrabben

Die *Blue Crabs* aus Louisiana sind von hervorragender Qualität. Die fleischigeren Männchen heißen *Jimmies*, die Weibchen *Sooks*. Sie werden mit weicher und harter Schale angeboten; in New Orleans sind Blaukrabben-Sandwiches sehr beliebt.

Boudin

Diese deftige Wurst kam mit den französischen Siedlern nach Louisiana. Die weiße Boudin hat eine Füllung aus Reis, die schwarze Boudin enthält Schweineblut. Anstelle der schwarzen Boudin kann man auch Blutwurst nehmen.

Cajun-Gewürze

Jeder Küchenchef stellt seine persönliche Mischung her. Zahlreiche Firmen bieten fertige Mischungen an. Die Basis bilden Kräuter, verschiedene Pfeffersorten, Cayenne und Zwiebelpulver.

Catfish

Der amerikanische Wels ist eine der beliebtesten Fischsorten, seit er gezüchtet wird und nicht mehr so »grundelt« wie der *Catfish* aus den Flüssen und Teichen.

Cayenne

Ein sehr scharfes Pulver aus roten Chilischoten, häufig gemeinsam mit schwarzem und weißem Pfeffer verwendet und Bestandteil zahlreicher klassischer Gewürzmischungen.

Chilis

Chilischoten sind wichtige Zutat in der Creole- und Cajun-Küche. Verwendet werden frische und getrocknete Schoten, die sich in Geschmack und Schärfe stark voneinander unterscheiden. Reife Chilis sind milder und süßlicher. Da der scharfe Wirkstoff *Capsaicin* in den Samen und Scheidewänden konzentriert ist, bestimmt der Umgang damit den Grad der Schärfe. Geröstete Chilis kann man bis zu einem Jahr einfrieren; enthäutete und gehackte Chilis halten im Gefrierfach etwa 6 Monate. Chilis heben durch Ausschüttung von Endorphinen die Stimmung. Sie wirken desinfizierend, verdauungsfördernd und machen schlank.
Anaheim-Chilis haben etwa 15 cm lange gedrehte Schoten. Es gibt rote und grüne Schoten mit sehr variablem Schärfegrad, die roh, gebraten oder getrocknet verwendet werden.
Arbol-Chilis sind scharf, spitz und dünnfleischig. Beliebt in Würzsaucen, Bohnengerichten und eingelegtem Gemüse.
Cascabel-Chilis sind klein und rund, mittelscharf, mit einem intensiven, etwas erdigen Geschmack. Die Sorte harmoniert sehr mit Tomaten und eignet sich besonders gut für Suppen und Saucen.
Cayenne-Chilis sind dünnfleischig, schmal und lang und leicht gebogen. Die Schärfe ist klar, mitunter bissig.
Chiltepín-Chilis wachsen wild in den Cañons Südarizonas und Nordmexikos. Die winzigen roten Schoten sind ausgesprochen scharf.
Chipotle-Chilis sind mittelscharf. Aus den Schoten wird die Adobo-Sauce hergestellt.

Guajillo-Chilis sind groß und mild bis mittelscharf. Gegrillt oder gemahlen wird diese Sorte sehr vielseitig eingesetzt.
Habanero-Chilis sind klein und rundlich, von hellroter Farbe. Die Sorte hat einen fruchtigen Geschmack und ist 30–50 mal schärfer als Jalapeños. Sie wird gerne für eingelegte Speisen, Fisch oder Meeresfrüchte und in exotischen Gerichten in Kombination mit Früchten verwendet.
Jalapeño-Chilis sind mittelscharf. Im unreifen Zustand mattgrün, reif variiert die Farbe von weinrot bis beinahe schwarz. Häufig erhält man *Jalapeños en escabeche*, d.h. eingelegt. Mit einer Füllung aus Fleisch, Fisch oder Käse werden die Schoten gerne zu Bier oder Wein gereicht. Getrocknet und geräuchert heißen die Chilis *chiles chipotles*.
Kenia-Chilis sind verwandt mit der Tabasco- und der Cayenne-Chili. Die kleinen dünnfleischigen Schoten sind feurig-süß, die Farbe variiert von Dunkelrot über Orange nach Gelb bis zu Cremeweiß.
New-Mexico-Chilis sind groß und fleischig, mild bis mittelscharf und sehr aromatisch.
Piquín-Chilis sind schlank und scharf. Man verwendet sie grün oder rot, frisch oder getrocknet.
Poblano-Chilis sind dickfleischig, grün bis dunkelrot. Die Form erinnert an kleine, spitze Paprikaschoten. Sie haben einen ausgeprägten milden bis mittelscharfen Geschmack. Man verwendet sie zumeist frisch, oft auch gefüllt. Getrocknete Poblanos werden auch *chiles anchos*, *pisados* oder *pasillas* genannt.
Pulla-Chilis sind dünnfleischig mit einer trockenen, intensiven Schärfe. Sie landen bevorzugt in Salsas und Eintöpfen.
Serrano-Chilis sind bissig scharf. Sie haben kleine, spitze Schoten von leuchtend grüner bis feuerroter Farbe. Sie werden oft in Salaten serviert oder in Essig und Öl eingelegt.

Cocktailsauce

Die klassische New-Orleans-Cocktailsauce besteht aus einer Basis von Tomatenketchup, Kren, Chilis und Zitronensaft.

Conch

Die Riesenflügelschnecke ist in den Korallenriffen vor der Küste Florida beheimatet. Der Geschmack ist süßlich und erinnert an Venusmuscheln. Das Fleisch ist sehr zäh und muss vor der Zubereitung geklopft oder noch besser mit Limettensaft mürbe gemacht werden. *Conch* dient zumeist als Zutat für frittierte Küchlein oder als Zugabe zu *Chowders* (feine Fischsuppen).

Crabmeat

Krabbenfleisch dient als Basis für zahlreiche Füllungen und als Zutat für schmackhafte gebratene Laibchen. Es wird tiefgekühlt oder in Dosen angeboten. Krabben lassen sich leichter schälen, wenn sie zuvor blanchiert wurden.

Crawfish

Flusskrebse sehen aus wie kleine Hummer. Man kann sie frisch oder gefroren verwenden. Das Fett, die orangefarbene Substanz in Kopf und Schwanz, ist ein wichtiger Geschmacksträger und sollte mit verwendet werden.

Bei den Cajuns heißen die Süßwasserlangusten *Mud Bugs* (Schlammkäfer) und werden als essenzieller Bestandteil zahlreicher typischer Speisen wie *Étouffée*, *Bisque* und *Sauce piquante* geschätzt.

Crawfish, von Fremden auch als *Crayfish* bezeichnet, erinnert im Aussehen an Hummer, sind jedoch wesentlich kleiner. *Crawfish Boil* ist das klassische Gericht für Familienfeste. In einem großen Topf werden die Flusskrebse mit Maiskolben, Kartoffeln und speziellen Gewürzen gekocht und dann auf den Tisch geschüttet. Die Esser greifen mit den Händen zu und schälen das zarte Fleisch aus dem Panzer.

Der Crawfish wurde zum inoffiziellen Wappentier der Cajun-Kultur. Man findet ihn praktisch überall – auf T-Shirts, Ansteckern, Ohrringen und Nummerntafeln.

Eselsdistel

Blätter, Blüten, Mark und Wurzeln lassen sich zu köstlichen Speisen verarbeiten. Die dornige Pflanze mit ihren rotstacheligen Blüten steht auf Schutthalden, an Wegrändern und auf Äckern. Sie wirkt harntreibend und die Galle anregend.

Filé

Filé ist Pulver aus gemahlenen Sassafrasblättern. Die Choctaw-Indianer benutzen das Pulver zum Würzen und Eindicken ihrer Eintöpfe. Heute findet man Sassafras hauptsächlich im *Filé Gumbo*. Farbe, Geschmack und die verdauungsfördernde Wirkung erinnern an Lorbeer, der in gemahlener Form als Ersatz dienen kann (dickt allerdings nicht ein). Sassafras wirkt stimulierend und schweißtreibend.

Flusskrebs siehe Crawfish

Frühlingszwiebel

Frühlingszwiebeln werden in New Orleans oft als Schalotten bezeichnet.

Garnelen

Garnelen werden in der kreolischen Küche häufig verwendet. Die sogenannten weißen Garnelen sind große Krebse aus Louisiana. Ihr zartes Fleisch und die leichte Schälbarkeit machen sie sehr beliebt – und leider auch kostspielig.
Shrimps/Garnelen sollten immer mit Schale gekauft werden. Das Fett, die orangefarbene Substanz in Kopf und Schwanz, ist ein wichtiger Geschmacksträger. Für eine wirklich gute Meeresfrüchtesuppe braucht man auf jeden Fall Shrimps mit Kopf und Schale.

Gewürze für Fisch und Meeresfrüchte

Fische und Meeresfrüchte werden vor der Weiterverarbeitung häufig in einem aromatischen Sud mit Lorbeer, Senfkörnern und Kräutern gegart. Zahlreiche Firmen bieten zu diesem Zweck Würzmischungen für Meeresfrüchte und Fisch an, die auch für Garnelen und Flusskrebse geeignet sind.

Grünes Gemüse

Die Blätter von Senf und Rüben sind in New Orleans das beliebteste Blattgemüse. In gepfeffertem Essig geschmort, bildet das Arme-Leute-Essen eine äußerst aromatische Beilage. Ersatzweise kann eine Mischung aus Rucola und mildem Blattgemüse verwendet werden.

Grütze

Grits ist grob gemahlenes Maismehl. Es wird gekocht zum Frühstück mit Eiern und Würstchen oder als Beilage zu Ragoûts serviert.

Haifisch

In den Gewässern Louisianas tummeln sich mindestens neun Haifischarten. Das weiße magere Fleisch ist vielseitig verwendbar. Der Mako ist am beliebtesten. Er erinnert in Geschmack und Konsistenz an Schwertfisch.

Hominy

Das anglisierte Algonkin-Wort bezeichnet alkalisch behandelte Maiskörner. Zur Zubereitung von *Hominy*, auch *Posole* genannt, werden rohe oder getrocknete Maiskörner mit Hartholzasche, ungelöschtem Kalk oder Ätznatron eingeweicht oder gekocht, bis die Haut aufplatzt. Anschließend werden die Maiskörner sofort weiterverarbeitet oder getrocknet und zu Mehl gemahlen. Ersatzweise kann das in mexikanischen oder afrikanischen Läden erhältliche *Masa harina* verwendet werden.

Hummer

Der Hummer wird auf den Rücken gelegt. Mit einem scharfen Messer oder einer Drehbewegung trennt man den Schwanz vom Kopf und zieht ihn ab. Mit einer scharfen Schere fährt man an den Seiten des Schwanzes zwischen Panzer und Fleisch und schneidet den Panzer auf. Danach lässt sich der weiche Unterpanzer abschälen. Das Fleisch wird langsam in einem Stück herausgezogen und der schwarze Darm entfernt. Die Scheren bricht man mit einer Hummerzange oder einem Nussknacker auf.

Kaktusfeige

Ihre jungen Sprossen wurden schon von den Indianern für Suppen, Salate und Eintöpfe benutzt. Bei der Bearbeitung Handschuhe benutzen. Ein (schwacher) Ersatz sind Salatgurken oder süßliche Kürbisse. Kaktusfeigen werden mittlerweile auf vielen Gemüsemärkten angeboten.

Krebse

In New Orleans werden zahlreiche Krebsarten gegessen. Ihr Panzer eignet sich zum Füllen und als dekorative Servierschale. Der Krebs wird auf den Rücken gelegt und der Hautlappen auf der Unterseite angehoben. Den harten oberen Panzer wegbrechen, Innereien und Kiemen abziehen. Das Fleisch wird mit den Fingern, einem scharfen Messer oder einer Krebsgabel aus dem Panzer gelöst.

Kreolische Gewürze

Jeder Küchenchef stellt einen Vorrat seiner eigenen Mischung her. In New Orleans werden sehr viele Variationen auf dem Markt angeboten. Grundzutaten sind verschiedene Pfeffersorten, Chilischoten und viel Knoblauchpulver.

Kreolischer Senf

Der kreolische Senf ist grobkörnig und scharf. Senfkörner wurden von deutschen Einwanderern nach New Orleans gebracht. Als Ersatz kann grober französischer Senf verwendet werden.

Lorbeer

Die Louisiana-Küche benutzt häufig Lorbeer zur Aromatisierung der Speisen als Teil klassischer Gewürzmischungen; er wirkt antiseptisch und beruhigend. Lorbeeröl lindert bei Rheumatismus Gelenkschmerzen.

Maishüllblätter

Frische oder getrocknete Hüllblätter eignen sich hervorragend zum dekorativen Einwickeln von Speisen, die gedämpft werden sollen. Getrocknete Blätter weicht man vor Gebrauch eine halbe Stunde in heißem Wasser ein.

Melanzani

Melanzani/Auberginen lassen sich gebraten, gegrillt oder gebacken zu Vorspeisen, Gemüsegerichten und Beilagen verarbeiten. Nur feste Früchte mit glatter, glänzender Schale ohne Druckstellen oder helle Flecken nehmen. Vor der Zubereitung einsalzen und nach 30 Minuten den Saft abpressen. Dann saugen sich die Eierfrüchte beim Braten nicht mit Öl voll. Melanzani regen Leber und Galle an und senken den Cholesterinspiegel.

Mirliton

Die birnenförmigen, weichstacheligen Beeren stammen aus Westindien und gehören zu den Kürbisgewächsen; andere Bezeichnungen sind *Chayote*, Gemüsebirne oder *Christophine*. Gerne werden die Mirlitons gefüllt und gebacken oder zu Kompott verarbeitet. Junge Triebe und einjährige Wurzeln werden wie Spargel zubereitet. Die Samen dienen als Salatgewürz.

Justin Wilson, berühmt für seine Kochkünste und sein flinkes Mundwerk, meinte: »Mit einer Mirliton kann man tun, was man will – die Speise wird immer gut schmecken. Eigentlich kann eine Mirliton so gut wie alles – außer Auto fahren.«

New Orleans Coffee

Der traditionelle New-Orleans-Kaffee ist eine gehaltvolle, dunkel geröstete Mischung aus Kaffeebohnen und Zichorienwurzel. Mischungsverhältnis und Röstgrad variieren von Marke zu Marke. *Union Coffee* und *CDM* sind die kräftigsten Mischungen, *French Market* und *Luzianne* die milderen. Der Geschmack ist gewöhnungsbedürftig und erinnert an die Nachkriegszeit, in der Bohnenkaffee mit gerösteten Zichorienwurzeln gestreckt wurde.

Okra

Okra ist die Wildform des Eibischs, die im Alten Ägypten beliebt war. Afrikaner nennen sie *Gumbo* oder *Gombo*. Nach Amerika kam die Okraschote mit afrikanischen Sklaven. Okraschoten bilden beim Kochen einen magenfreundlichen Schleim, der vielen Saucen eine angenehm sämige Konsistenz gibt. Für Gerichte, in denen der Schleim stört, brät man die Okra in Öl oder legt sie eine halbe Stunde in Essigwasser. Man verwendet vorzugsweise kleine, hellgrüne Schoten, denn ältere Okras bilden zähe Fäden aus. Heute wird Okra in Louisiana eingelegt oder gebacken und dient als eindickende Zutat im Gumbo, wenn kein Filépulver verwendet wird. Man unterscheidet daher *Okra Gumbo* und *Filé Gumbo.*

Orangenblütenwasser

Orangenblütenwasser ist in Apotheken erhältlich. Es verleiht Cocktails, Pralinen und Desserts ein feines Aroma. Das Orangenblütenwasser sollte kühl und dunkel gelagert werden.

Pekannuss

Pekannüsse sind eng verwandt mit der Walnuss. Sie sehen wie längliche Walnüsse aus, sind jedoch feiner im Geschmack, süß und knackig. Die Nüsse finden hauptsächlich für Desserts und Pralinen Verwendung, in Einzelfällen für Fisch und Gemüse; sie wirken antidiabetisch, antiseptisch, blutreinigend und wurmtreibend.

Persimone

In der Indianersprache Algonkin ist *pessimin* eine walnussgroße wildwachsende Verwandte der asiatischen Kaki, die ersatzweise verwendet werden kann.

Peppers

In Louisiana mischt man gerne verschiedene Pfeffersorten und Cayenne (der kein Pfeffer ist, sondern aus gemahlenen Chilischoten besteht), um den gewünschten Effekt zu erzielen. Schwarzer Pfeffer ist voll im Geschmack und sticht im vorderen Teil des Mundes, der Cayenne stimuliert die Geschmackspapillen im hinteren Bereich des Gaumens und der weiße Pfeffer entfaltet seine Schärfe in der Kehle.

Pompano

Jeder ambitionierte Küchenchef hat sein eigenes Rezept für diesen sehr beliebten Fisch, der zur Gattung der Stachelmakrelen gehört. Ersatzweise kann man kleine Wolfsbarsche bzw. Red Snapper oder auch Heilbutt verwenden. Gerne wird er gegrillt und mit Krebsfleisch serviert.

Ratafia

Darunter versteht man Liköre, die mit Früchten, Nüssen oder Blüten angesetzt werden. Der Name leitet sich von Taffia ab, einem Zuckerrohrschnaps von den Westindischen Inseln.

Redfish

Der Redfish hat einen schwarzen Fleck in der Nähe der Schwanzflosse. Die Legende erzählt, der schwarze Fleck sei der Daumenabdruck von Jesus, der die Hungrigen mit dem Fisch speiste. Gourmets schätzen ihn zum Beispiel in einem feinen Eintopf, der *Courtbouillon*, oder pochiert als *Redfish Chambord* mit Artischocken, Pilzen und einer Glasur. Über Louisiana hinaus ist der »geschwärzte Redfish« bekannt, ein überwürztes Fischfilet, das man mehr oder weniger anbrennen lässt. *Blackened Fish* bereitet man besser mit Forelle, Weißfisch oder Thunfisch zu.

Reis

Der Reis aus Louisiana ist langkörnig. Eine sichere Methode, Reis körnig zu dämpfen: in einem großen Topf mit der doppelten Menge Wasser, etwas Salz und einem Schuss Essig aufkochen. Auf Mittelhitze das Wasser so weit verdampfen lassen, dass gerade keine Flüssigkeit mehr den Reis bedeckt. Den Topf gut verschlossen auf kleiner Flamme 10–15 Minuten dämpfen, den verschlossenen Topf vom Feuer nehmen und den Reis 15–20 Minuten nachquellen lassen; vor dem Servieren mit einer Gabel auflockern.

Roux

Roux ist eine Mischung aus Mehl und Öl, die langwierig zu unterschiedlichen Farbtönen und Geschmacksvarianten geröstet wird. Helle und mittelbraune Roux geben Saucen zu dunklem Fleisch ein nussartiges Aroma und sämige Konsistenz, dunkle und rotbraune Roux verleihen *Gumbos* und Gerichten zu hellem Fleisch einen rauchigen Ton, dicken jedoch die Flüssigkeit kaum ein. Eine gute Roux erfordert Erfahrung und größere Mengen bis zu einer Stunde Zeit.

Zubereitung
1/2 Tasse Mehl
1 Tasse Öl

Die Zutaten sorgfältig in einer schweren Pfanne vermengen und unter ständigem Rühren erhitzen, bis die Roux schön braun ist. In New Orleans liebt man eine Roux hell wie Erdnussbutter. Sie wird *Roux Creole Style* genannt und benötigt etwa 20 Minuten. Cajuns mögen sie dunkel rötlich-braun; sie dauert bis zu 70 Minuten. Helle Roux bindet stärker als dunkle.
Gegen Ende der Zubereitungszeit das Gemüse in die Roux mischen, um es zu garen und ein Nachdunkeln der Roux zu verhindern.

Saucen

Alle Saucen haben Jalapeño- oder Habanero-Chilischoten als Basis.

Schwarzaugenbohnen

Traditionellerweise werden die kleinen weißen Bohnen mit dem schwarzen Fleck zu Neujahr als glückbringendes Ragoût serviert. Gerne essen die Bewohner Louisianas auch Bohneneintöpfe mit gesalzenem Fleisch oder Schwarzaugenbohnensalat.

Smothering

Die Zutaten werden zunächst bei starker Hitze angebraten, eventuell mit Mehl gestaubt und anschließend auf sehr kleiner Flamme langsam und oft stundenlang gedünstet. Dies gibt den Gerichten zartes Aroma und sämige Konsistenz.

Softshell Crabs

Kurz nachdem sich die Krabben häuten, haben sie eine weiche Schale, und das Schälen geht mühelos von der Hand; in diesem Stadium sind sie besonders beliebt.

Stone Crab

Die große Steinkrabbe wird ihrer großen Scheren wegen von Oktober bis Mai gefangen. Die kleinere Schere wird abgebrochen, so dass die Krabbe sich mit der größeren noch verteidigen kann, wenn man sie wieder ins Wasser zurückwirft. In 18 bis 24 Monaten wächst die Schere wieder nach. Die Scheren sind schmackhaft und besitzen ein perfektes zart honiggelbes Design mit schwarzen Spitzen. Nach dem Kochen bricht man die Schalen mit dem Hammer auf und taucht das Fleisch in geschmolzene Butter oder Dips.

Tasso

Tassoschinken ist ein sehr würziger geräucherter Schweineschinken nach Cajun-Art. Er wird zum Aromatisieren von Eintöpfen benutzt.

Thunfisch

Der Gelbflossenthun ist der teuerste Thunfisch in Louisiana. Blau- und Schwarzflossenthun sind von ähnlicher Qualität, der Preis hingegen ist wesentlich günstiger.

Tomate

Creole Tomatoes werden ursprünglich im Mississippidelta auf Böden mit hohem Salzgehalt angebaut. Sie sind sehr groß und leicht gelb gestreift. Diese Tomaten sind säurearm und besonders aromatisch, weil sie grundsätzlich an der Rispe reifen. Einen halbwegs passablen Ersatz für ihr unvergleichliches Aroma bietet eine herkömmliche Tomatensauce mit etwas Tomatenmark und einer Prise braunem Rohrzucker.

Topinambur

Topinambur ist mit der Sonnenblume verwandt. Ihres feinen Geschmacks wegen heißt sie auch Erdartischocke. Die stärkehaltige Knolle kann man wie Kartoffeln zubereiten. Da ein Teil der Stärke nicht verdaulich ist, wird Topinambur gerne in der Diabetesdiät verwendet.

Traubenkirsche

Nur getrocknet oder gekocht verwenden, da sie in frischem Zustand schlecht verträglich ist. Ersatzweise können Weichseln verwendet werden oder getrocknete Berberitzen.

Vanille

Die Heimat der Vanille ist Mexiko. Im 16. Jahrhundert lernten die spanischen Eroberer von den Azteken die Nutzung der aromatischen Kapselfrüchte. Von Mexico gelangte die Kletterorchidee nach Java und auf die Insel Réunion (ursprünglich Bourbon genannt). Das Aroma entsteht durch Fermentation der unreifen Früchte. Vanille wirkt stimmungsaufhellend, beruhigend und verdauungsfördernd, auch leicht antiseptisch. Wer sich durch die schwarzen Samenpünktchen gestört fühlt, kann Vanilleessenz verwenden. Allerdings gibt es zwischen den einzelnen Produkten erhebliche Qualitätsunterschiede.

Yam

Yams werden wie Kartoffeln zu Brei, Chips, Mehl oder Stärke verarbeitet. Die *Louisiana Yam* ist eine hellorangefärbige, fleischige Süßkartoffel. Am besten glasiert mit Butter und braunem Zucker zubereiten.

Zichorie

Die Wurzeln der Zichorie oder Gemeinen Wegwarte wurden (auch in Europa bis Mitte des 19. Jahrhunderts) dem Kaffee zugesetzt.

Zuckerrohr

Brauner Zuckerrohrsirup dient zum Süßen und Aromatisieren von Desserts und Saucen sowie mitunter als preiswerter Ersatz für Ahornsirup. Er ist in Reformhäusern und manchen Supermärkten erhältlich.

Breakfast & Brunch
Sonntagsfrühstück

New Orleans Café au lait
Traditioneller Milchkaffee

Eggs Benedict
Eier Benedict

New Orleans Eggs Sardou
Eier Sardou

Louisiana Sunburst Salad
Salat mit Gorgonzola, Portweinpreiselbeeren,
Mandeln und Himbeerdressing

Daube Glacé
Klassische Sulz

Crawfish Bisque
Klassische Flusskrebssuppe

Oyster Beignets
Frittierte Austern

Pirogues au Gibier
Wildpiroggen

Grillades and Grits
Geschmortes Fleisch mit Maisgrütze

Beignets
Frittierte Germteigküchlein

New Orleans Gin Fizz
Ramos Spezial Gin Fizz

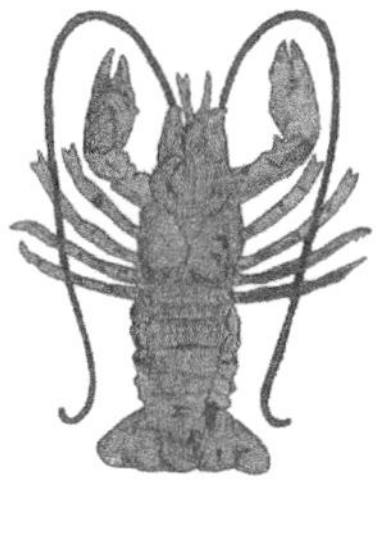

Breakfast and Brunch
Sonntagsfrühstück

New Orleans ist unter anderem berühmt für seine Kaffeespezialitäten und eine ausgeprägte Frühstückskultur. Zu dieser Kultur gehört allerdings seit jeher auch eine beachtliche Menge Alkohol. Die frühen Kolonialisten brachten feine Weine und Spirituosen aus ihren Heimatländern Frankreich und Spanien in die Neue Welt. Ein Glas Weißwein nach dem Aufstehen war durchaus üblich, gerne auch eine Tasse Bouillon. Die Bauern stärkten sich vor der Arbeit gleich mit beidem.

Bei den kreolischen Aristokraten galt jede Arbeit, zu der sie das Jackett hätten ausziehen müssen, als unschicklich. In den besseren Häusern wurden zudem zahlreiche arbeitsscheue Cousins und unverheiratete Cousines mitgefüttert. Entspannt verging daher der Vormittag auf der Veranda mit Punsch, *Frappés* (geeiste Getränke) und *Ratafias* (Fruchtliköre), gefolgt von diversen Frühstücksspeisen wie *Creole Cream Cheese*, Eiern mit speziellen Saucen (*Œufs Sardou* sind der absolute Favorit), *Bouillon, Grillades and Grits* (Ragoût mit Maissterz), *Beignets* (frittierte Germteigküchlein), *Calas* (Reisküchlein, die in früheren Zeiten von Straßenverkäufern angeboten wurden) und feinen Mehlspeisen. Heute genießt man eine derart üppige Speisenfolge gerne sonntags als Brunch.

Besonders beliebt sind Brunches mit Musikuntermalung. Die Sonntagvormittagsluft von New Orleans ist daher erfüllt vom Duft frischen Gebäcks und den Klängen der Jazzbands.

Rund um den French Market, den großen Markt von New Orleans, servierten die Restaurants vormittags ebenfalls komplette Menus für die Händler und Kaufleute, deren Arbeitstag bereits im Morgengrauen begonnen hatte. In den Kaffeehäusern erhält man heute auch das traditionelle leichtere französische Frühstück mit *Café au lait*, Butter, Marmelade und frischem Gebäck. Beliebter Ausklang eines Sonntagsbrunchs und belebendes Getränk gegen das frühnachmittägliche Leistungstief im subtropischen Klima ist der *New Orleans Gin Fizz*. In den 80er Jahren des 19. Jahrhunderts von Henry C. Ramos kreiert, erlangte der Cocktail bald lokale Berühmtheit.

Jedes Rezept ist, wenn nicht anders angegeben, für 4 Personen berechnet, der Gin Fizz reicht für 1 Glas.

New Orleans Café au lait
Traditioneller Milchkaffee

5–6 gestrichene EL New Orleans Chicory Coffee
oder 5 EL dunkel gerösteter Bohnenkaffee
1 EL Kaffeemittel aus Zichorienwurzeln (im Reformhaus erhältlich)
gut 1 l Wasser
700 ml Milch
120 ml Obers

Einen Filterkaffee zubereiten. Milch und Obers in einer Stielkasserole aufwallen lassen. Sofort vom Feuer nehmen.
Große Frühstücksschalen oder Kaffeetassen zu einem Drittel mit Kaffee füllen. Mit der Obersmilch bis zum gewünschten Farbton auffüllen. Zuckern nach Geschmack.

Eggs Benedict
Eier Benedict

1 EL guter Weißwein- oder Apfelessig
4 Eier
4 Scheiben guter Frühstücksspeck oder Hamburger Speck
4 dicke Scheiben frisches Weißbrot
Petersilie

Sauce Hollandaise
3 Dotter
100 g Butter
1 EL Zitronensaft
1 Spritzer Tabasco oder Worcestershiresauce
je 1 Prise Salz und weißer Pfeffer, frisch gemahlen

Für die Sauce Hollandaise die Butter auf kleiner Hitze schmelzen. In einem Schneekessel Dotter und Zitronensaft mit der Schneerute gut verrühren. Den Kessel über ein Wasserbad stellen, ohne dass der Boden das Wasser berührt. Die Dotter schaumig schlagen. Die zerlassene Butter unter ständigem Rühren portionsweise einarbeiten. Die Masse aus dem Wasserbad nehmen. Tabasco oder Worcestershiresauce, Salz und Pfeffer einrühren.

Die Sauce warm stellen – am besten im Wasserbad, das vom Herd genommen wurde. Falls die Sauce gerinnt, einen Eiswürfel rasch einarbeiten.
In einem säurefesten Topf 1 Liter Wasser mit 1 EL Essig aufkochen. Die Eier einzeln aufschlagen und vorsichtig ins Wasser gleiten lassen. 3–4 Minuten sanft köcheln lassen, danach die Eier in kaltem Wasser abschrecken. Bis zur Weiterverwendung maximal 10 Minuten in einer Schüssel mit warmem Wasser aufheben.
Den Speck auf Mittelhitze bräunen. Die Weißbrotscheiben toasten. Die Speckscheiben auf das Weißbrot legen, darüber die abgetropften Eier. Mit Sauce Hollandaise überziehen. Petersilie zum Garnieren darüberstreuen.

New Orleans Eggs Sardou
Eier Sardou

1 Schalotte, sehr fein gehackt
1 EL Butter
400 g passierter Spinat
1 Prise Salz und schwarzer Pfeffer, frisch gemahlen
Muskatnuss, frisch gemahlen
100 ml Obers
8 frische Artischockenböden, gekocht
8 Eier, pochiert (siehe Eier Benedict)
Sauce Hollandaise (siehe Eier Benedict)
1 Prise Cayenne

Die Sauce Hollandaise vorbereiten und warm stellen.
Die Schalotte in Butter sehr weich dünsten, ohne sie zu bräunen. Den Spinat einrühren und mit Salz, Pfeffer und Muskat abschmecken. Obers zugießen und erwärmen, ohne zu kochen. Den Spinat im Wasserbad warm stellen.
Die Eier pochieren.
Auf 4 Vorspeisenteller jeweils einen Spinatspiegel gießen, die heißen Artischockenböden darauflegen, darüber die pochierten Eier platzieren und mit Sauce Hollandaise überziehen. Mit Cayenne bestreut servieren.
Die Eier Sardou, wie sie in New Orleans sehr gerne serviert werden, haben mit dem Originalrezept wenig zu tun. Ursprünglich wurden für das Gericht dieses Namens pochierte Eier auf Blätterteiggebäck gesetzt, mit Artischocken in einer Rahmsauce aus Hummerschalen und Hummermark überzogen, darüber kamen in Butter geschwenkte getrüffelte Spargelspitzen.

Louisiana Sunburst Salad
Salat mit Gorgonzola, Portweinpreiselbeeren, Mandeln und Himbeerdressing

4 EL getrocknete Preiselbeeren oder Granatapfelkerne
4 EL roter Portwein
4 EL Mandelblättchen
4 EL Himbeeressig
2 EL gutes Salatöl
je 1 Prise Salz und schwarzer Pfeffer, frisch gemahlen
1 TL Zucker
1 TL Zimt, gemahlen
5 Spritzer Tabasco
1 große Schüssel gemischte Salatblätter (Eisberg, Frisée, Spinat)
8 EL Gorgonzola, grob zerbröselt

Die Preiselbeeren oder Granatapfelkerne über Nacht in Portwein einlegen. Die Mandelblättchen in einer trockenen Pfanne goldbraun rösten. Den Himbeeressig mit Öl, Salz, Pfeffer, Zucker, Zimt und Tabasco kräftig rühren, bis eine feine Emulsion entsteht. Die Salatblätter mit dem Dressing überziehen.
Die Salatblätter auf 4 Tellern anrichten. Jede Portion mit Gorgonzola, Preiselbeeren und Mandelblättchen garnieren. Mit frischem französischem Weißbrot servieren.

Daube Glacé
Klassische Sulz

150 g Schweinespeck
1 große Zwiebel, fein gehackt
1 Knoblauchzehe, fein gehackt
1 Prise Thymian, getrocknet und zerbröselt
1 Prise Gewürznelken, gemahlen
1 Prise Lorbeer, gemahlen
800 g Rinderschulter
1 TL Schmalz oder Öl
2 Karotten, klein gewürfelt
150 ml trockener Rotwein oder Sherry
1 EL Petersilie, gehackt

1 Prise Cayenne
4 g Gelatine
1 Prise Salz und schwarzer Pfeffer, frisch gemahlen
1 TL Worcestershiresauce
1 Prise Chiliflocken nach Belieben
4 Sellerieblätter

Den Speck in schmale Streifen schneiden. Die Hälfte der Zwiebel mit dem Knoblauch, Thymian, Gewürznelke und Lorbeer vermischen. Das Rindfleisch im Abstand von 2 cm etwa 2,5 cm tief einschneiden. In diese Schnitte den Speck und die Zwiebelmischung fest hineindrücken.
Das Schmalz in einem großen Topf schmelzen und das Rindfleisch von allen Seiten kräftig anbraten. Die restliche Zwiebel, Petersilie, Cayenne und die Karotten hinzufügen und ebenfalls bräunen. Mit Rotwein oder Sherry aufgießen. Knapp mit kochendem Wasser bedeckt im geschlossenen Topf 2–3 Stunden auf kleiner Flamme kochen, bis das Fleisch sehr weich ist.
Das Fleisch in kleine Würfel schneiden. Die Gelatine in etwas Kochflüssigkeit auflösen. Mit Salz, Pfeffer, Worcestershiresauce und Chili abschmecken. Den Boden einer Auflaufform mit den Sellerieblättern dekorativ belegen und mit der leicht überkühlten Masse bedecken. Sorgfältig abgedeckt im Kühlschrank 12 Stunden fest werden lassen. Vor dem Servieren eventuell an der Oberfläche gestocktes Fett abschöpfen. Mit einem schmalen scharfen Messer am Rand der Form entlangfahren. Die Form mit einer Servierplatte abdecken, diese gut festhalten und die Sulz stürzen. Gut gekühlt mit frischem Weißbrot und Butter servieren.
Die Sulz hält etwa 5 Tage im Kühlschrank, sollte jedoch immer gut zugedeckt werden, da sich das Aroma leicht auf andere Speisen überträgt.

Crawfish Bisque
Klassische Flusskrebssuppe

4 kg lebende Flusskrebse
1 Lorbeerblatt
1 TL Senfkörner
1 TL schwarze Pfefferkörner
3 Zitronen, geviertelt

Die Krebse in einem großen Topf mit kochendem Wasser mit Lorbeer, Senfkörnern, Pfefferkörnern und Zitronen 10 Minuten kochen. Die Flüssigkeit rasch abkühlen und die Krebse im kalten Sud ziehen lassen – je länger die Tiere in der Flüssigkeit liegen, desto mehr Würze absorbieren sie. Die Schwänze mit einer Drehbewegung von den Köpfen lösen und schälen, die Vene entfernen, ohne das darüberliegende Stück Fleisch mitzuziehen. Das Fett aus den Köpfen entfernen und separat aufbewahren. Die Hälfte des Fetts und der Schwänze für die Füllung vorsehen, die andere Hälfte kommt in die Suppe.

Gefüllte Krebsköpfe

2 EL Öl
25 g Weizenmehl
1 mittelgroße Zwiebel, fein gehackt
1 kleine grüne Paprikaschote, fein gehackt
120 ml Wasser
Salz, schwarzer Pfeffer, frisch gemahlen
1 TL Cayenne
250 g Weißbrotkrume
1 großes Ei, verquirlt
2 EL Petersilie, gehackt
2 EL Frühlingszwiebel, gehackt
2 EL Butter, zerlassen
Mehl
2 Dutzend Krebsköpfe (eigentlich Brustkorb)

Sämtliche Innenteile der Brustkörbe sowie Augen und Tentakel entfernen. Die Schale muss sehr sauber sein (das Reinigen geht mit einem Bieröffner besonders gut). Die Köpfe in einer Pfanne kühlen und inzwischen die Bisque vorbereiten.

Aus Öl und Mehl eine dunkle Roux zubereiten. Zwiebel und Paprikaschote darin weich dünsten. Faschiertes Krebsfleisch und Fett hinzufügen und 15 Minuten dünsten.

Wasser, Salz, Pfeffer, Cayenne, Brotkrume, Eier, Petersilie, Frühlingszwiebel und Butter hinzufügen. Die Konsistenz mit Wasser bzw. Brot bei Bedarf korrigieren. Die Köpfe füllen und in Mehl gewendet in einer Pfanne backen (180 °C, 15 Minuten) oder in Öl braten, bis die Füllung goldbraun wird.

Bisque
3 EL Butter
4 EL Erdnussöl
50 g Weizenmehl
1 große Zwiebel, feinst gehackt
1 kleine grüne Paprikaschote, feinst gehackt
2 Selleriestangen feinst gehackt
4 Knoblauchzehen, feinst gehackt
1 l Schellfischsuppe oder Wasser
Salz nach Geschmack
1 TL Thymian
1 TL Oregano
schwarzer Pfeffer, frisch gemahlen
1 TL Cayenne
ca. 600 g Louisiana Langkornreis, gekocht
8 EL Frühlingszwiebel, gehackt
8 EL Petersilie, gehackt

Bei Mittelhitze eine hellbraune Roux aus Öl, Butter und Mehl herstellen. Zwiebel, Paprikaschote, Sellerie und Knoblauch hinzufügen und unter ständigem Rühren weich dünsten, bis die Mischung die Farbe von Erdnussbutter annimmt. Unter Rühren kühlen.
Langsam die Schellfischsuppe oder Wasser einrühren und sorgfältig vermischen. Die Hälfte des Krebsfleisches und -fettes hinzufügen, mit Thymian, Oregano, Cayenne und schwarzem Pfeffer würzen. 15 Minuten kochen. Eventuell übriggebliebene Füllung hinzufügen.
Die Köpfe in die Suppe legen und 30 Minuten kochen. Pro Portion etwa 150 g Reis und 6 gefüllte Köpfe in einer großen Schale anrichten und mit der Bisque übergießen. Kurz vor dem Servieren mit Frühlingszwiebel und Petersilie bestreuen.

Oyster Beignets
Frittierte Austern

100 g Weizenmehl
1 Prise Salz
1 EL zerlassene Butter
1 Ei, leicht verquirlt
130 ml Bier
1 Prise Muskatnuss, frisch gerieben
1 Eiklar
2 Dutzend frische Austern ohne Schale
Öl zum Frittieren
Zitronenspalten
1 EL Petersilie gehackt

Das Mehl bis auf 3 EL in einer großen Schüssel mit Salz, der zerlassenen Butter und dem verquirlten Ei mischen. Das Bier portionsweise mit einer Schneerute einrühren. Nicht zu lange rühren, damit der Teig nicht speckig wird. Den Teig bei Zimmertemperatur 30 Minuten rasten lassen. Kurz vor dem Ausbacken der Austern das Eiklar zu Schnee schlagen. Gemeinsam mit dem Muskat vorsichtig unter den Teig ziehen, bis keine weißen Streifen mehr sichtbar sind.
Das Öl erwärmen, bis ein kleiner Spritzer des Teigs mit feinen Bläschen aufsteigt (185 °C). Das Backrohr auf 95 °C aufheizen.
Die Austern im restlichen Mehl wenden, das überschüssige Mehl gut abklopfen, die Austern in den Bierteig tauchen, etwas abtropfen lassen und in zwei bis drei Chargen im Fett 3–4 Minuten backen, bis der Teig goldbraun und flauschig aufgegangen ist. Die Austern mit Küchenpapier trocken tupfen und im vorgeheizten Rohr warm halten, bis alle Austern fertig gebacken sind. Sofort mit Zitronenspalten und Petersilie servieren.

Pirogues au Gibier
Wildpiroggen

500 g Blätterteig
400 g Wild, fein gewürfelt
2 EL Butter
1 Karotte, fein gehackt
1 Petersilienwurzel, fein gehackt
2 Frühlingszwiebeln, fein gehackt
je 1 Prise Salz und schwarzer Pfeffer, frisch gemahlen
1 Schuss Rotwein

Das Backrohr auf 200 °C vorheizen. Ein Backblech mit Pergament auslegen. Das Fleisch in der Butter anrösten, Karotte, Petersilienwurzel und Frühlingszwiebeln hinzufügen. Mit Salz und Pfeffer abschmecken. Mit Rotwein löschen und etwa 5 Minuten unter gelegentlichem Rühren dünsten.
Aus dem Blätterteig 8 Scheiben von 10 cm Durchmesser ausstechen. Die Ränder mit Wasser befeuchten. Die Füllung auf 4 Teigscheiben verteilen. Die Ränder dabei sorgfältig von Füllung freihalten. Die restlichen Teigscheiben auf die Füllung legen und die Ränder zusammendrücken. Die fertigen Taschen vorsichtig ein wenig in die Länge ziehen, um ihnen Bootsform zu verleihen.
Die Boote im Rohr etwa 25 Minuten goldbraun backen.

Grillades and Grits
Geschmortes Fleisch mit Maisgrütze

800 g Rinderlende in halbfingerdicken Scheiben
je 1 Prise Salz und schwarzer Pfeffer, frisch gemahlen
3 EL Weizenmehl
2 EL Öl
5 Schalotten, gehackt
2 Knoblauchzehen, gehackt
1 kleine grüne Paprikaschote, gehackt
250 g Fleischtomaten, geschält, entkernt und gehackt
3 EL Öl
3 EL Weizenmehl
1 Prise Thymian

1 Prise Majoran
1 Spritzer Tabasco
1 EL Petersilie, gehackt

Das Fleisch kräftig salzen und pfeffern. Mit Mehl bestäuben und gut abschütteln. Das Öl in einer schweren Pfanne erhitzen und das Fleisch beidseitig anbraten. Mit Küchenkrepp abtupfen und beiseitestellen. Schalotten, Knoblauch, Paprika und Tomaten vorbereiten und in einzelnen Schalen bereitstellen.
3 EL Öl erhitzen. 3 EL Mehl rasch einrühren. Bei mittlerer Hitze das Mehl unter ständigem Rühren kräftig braun rösten. Schalotten, Knoblauch und Paprika hinzufügen und 5 Minuten weiterrösten. Tomaten zugeben und das Gemüse weitere 5 Minuten dünsten. Mit Thymian und Majoran abschmecken. Das Fleisch in die Gemüsesauce legen und etwa 1 Stunde garen. Die Sauce mit Tabasco abschmecken. Das Ragoût mit Petersilie bestreuen und mit der Maisgrütze servieren.

Grits – Maisgrütze
1 knapper TL Salz
200 g Maisgrieß
1 Prise Muskatnuss, frisch gerieben
4 EL Butter

Gut 1 Liter Wasser aufkochen. Salzen und den Maisgrieß unter ständigem Rühren in dünnem Strahl einrieseln lassen. Die Hitze reduzieren und den Grieß etwa 8 Minuten sanft köcheln lassen, bis die Masse eine sämige Konsistenz erhält. Muskat und Butter einrühren und servieren.

Beignets
Frittierte Germteigküchlein

125 ml ungezuckerte Kondensmilch
1 Ei
2 EL Staubzucker
2 EL Öl
1 Prise Salz
1 Prise Zimt
1 Prise Muskatnuss, frisch gerieben
1 Schale einer unbehandelten Orange, gerieben

1 Pkg Trockengerm
350 g Weizenmehl
Öl zum Frittieren
Staubzucker

Die Milch mit Ei, Zucker, Öl, Salz, Zimt, Muskat und Orangenschale verquirlen. Die Trockengerm hinzufügen und in der Milch auflösen. Das Mehl portionsweise in die Milch einarbeiten. Die Mischung zu einem elastischen Teig kneten und zugedeckt 30 Minuten an einem warmen, zugfreien Platz aufgehen lassen.
Den Teig gut fingerdick ausrollen und zu kleinen Rechtecken schneiden. Auf einer leicht bemehlten Fläche nochmals 30 Minuten gehen lassen.
Das Backrohr auf 120 °C vorheizen, das Öl in einer Fritteuse auf 190 °C erhitzen. Die Teigstücke portionsweise unter gelegentlichem Wenden goldbraun frittieren. Die frittierten Beignets mit Küchenpapier abtupfen und zum Warmhalten in das Rohr stellen.
Die heißen Beignets großzügig mit Staubzucker bestreut servieren.

New Orleans Gin Fizz
Ramos Spezial Gin Fizz

6 cl Gin
2 Eiklar
2 Tropfen Orangenblütenwasser
1 Tropfen Vanilleessenz
1 Spritzer Zitronensaft
5 TL Staubzucker
grob gestoßenes Eis

Alle Zutaten in einem elektrischen Mixer auf höchster Stufe mindestens 90 Sekunden zu einer flaumigen cremigen Masse mixen. In einem hohen schmalen Glas servieren.

Storyville Dinner
Abendessen bei den leichten Damen

Absinthe Frappé
Geeister Pernodcocktail

Creole Cream Cheese with Macerated Strawberries & Ginger Snaps
Kreolischer Frischkäse mit Rumerdbeeren und Ingwerkeksen

Pick me Up
Feinwürziger Salat mit Pistazien

Oyster Stuffed Mushrooms
Mit Austern gefüllte Pilze

Artichoke Breasts
Artischockenbrüstchen

Jellied Vegetables
Gemüsesülzchen mit Weißwein

Jellied Orange Consommé
Gelierte Orangensuppe

Clam Chowder
Muschelsuppe

Chicken Patties
Hühnerpastetchen

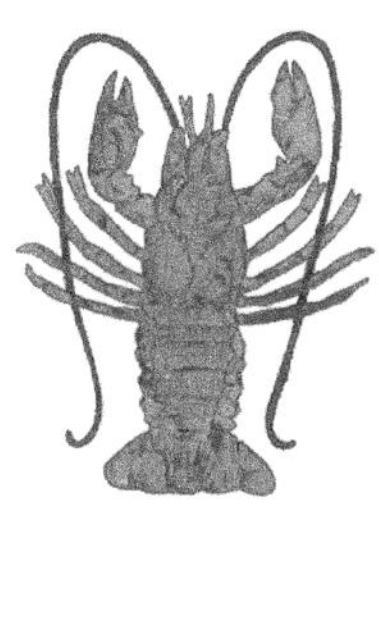

Crab Quiches
Krabbentörtchen

Salmis of Duck
Ente in würziger Sauce

New Orleans Baba
Saftige Frühstücksküchlein

Fruit Chocolate Brownies
Schokoladeschnitten mit Nüssen und Früchten

Chilled Rum Soufflé
Geeistes Rumsoufflé

Refreshing Lemon Cake
Erfrischender Zitronenkuchen

Espresso Chocolate Cake
Schokoladekuchen mit Kaffee

Wake Up Bill & Angel's Dream

Storyville Dinner
Abendessen bei den leichten Damen

Die Prostitution war in der gesamten Stadt New Orleans ein derart florierendes Gewerbe, dass die honorigen Stadtväter im Jahr 1897 per Erlass die Aktivitäten der käuflichen Damen auf ein Gebiet von etwa zwanzig Häuserblocks zwischen Iberville Street, North Robertson, St. Louis und Basin Street beschränkten. Urheber des Erlasses war der Stadtrat Sidney Story. Sehr zum Leidwesen dieses ehrbaren Bürgers verlieh der Volksmund dem Stadtteil bald den Spitznamen »Storyville«.
Das Vergnügungsviertel erlangte binnen kürzester Zeit Weltruhm. Einheimische Jazzlegenden wie Jelly Roll Morton, King Oliver und Louis Armstrong spielten in den verrufenen Kneipen und einschlägigen Häusern des Viertels. Während des Ersten Weltkriegs wurde der offenen Prostitution aufgrund einer Beschwerde des Militärkommandos durch die Navy ein Ende gesetzt.
Trotz der kurzen Blütezeit von nicht mehr als zwei Jahrzehnten blieb der legendäre Ruf von Storyville bis heute erhalten. Fotos und andere Versatzstücke aus dieser Epoche erzielen bei Auktionen Spitzenpreise. Für jeden Geschmack und jede Vorliebe gab es entsprechende Angebote. Um den Besuchern aus aller Welt die Orientierung zu erleichtern, wurden sogenannte »Blue Books« herausgegeben. Diese Broschüren listeten die Namen und Adressen der Liebesdienerinnen auf und enthielten illustrierte Annoncen der Etablissements für den gehobenen Geschmack – mit nichts desto weniger sehr expliziten Texten. Die luxuriösen Häuser boten handverlesene Mädchen, beste Ausstattung und nicht zuletzt aphrodisierende kulinarische Stärkung für den Abend wie auch für den Morgen danach. So konnten die Herren aus guter Gesellschaft oder solche mit entsprechend gefüllter Brieftasche bei Livemusik, gepflegten Getränken, mehr oder weniger gepflegter Konversation mit den übrigen Gästen und feinem Essen ihre Begleiterin für die späteren Stunden in den oberen Stockwerken wählen.
Die Speisen laben, wenn nicht anders angegeben, 4 (liebes)hungrige Personen, die Drinks sind für je 1 Glas berechnet.

Absinthe Frappé
Geeister Pernodcocktail

5 cl Pernod
1 EL Zuckersirup (Zucker und Wasser zu gleichen Teilen, dickflüssig eingekocht)
Soda (nach Belieben)
Eis, zerstoßen

Einen Cocktailshaker mit gestoßenem Eis füllen. Pernod und Zuckersirup hinzufügen, dann mit etwas Soda aufspritzen. Mit einem langstieligen Barlöffel vorsichtig umrühren. Danach den Shaker schließen und für einige Sekunden kräftig schütteln. In ein gekühltes Glas seihen, dabei gut 3 EL des gestoßenen Eises in das Glas gleiten lassen.

Creole Cream Cheese with Macerated Strawberries & Ginger Snaps
Kreolischer Frischkäse mit Rumerdbeeren und Ingwerkeksen

500 g Louisiana Erdbeeren, ersatzweise kleine aromatische Erdbeeren
1 unbehandelte Orange
5 EL brauner Rohrzucker
2 EL guter brauner Rum
250 g kreolischer Frischkäse, ersatzweise Frischkäse
3 EL Obers
8–12 Ingwerkekse

Die Erdbeeren waschen, 4 besonders schöne Exemplare zur Dekoration aufheben, die restlichen Früchte vom Stielansatz befreien und halbieren. Die Orange mit einem scharfen Messer schälen, dabei die Außenhaut der Spalten mitfassen. Die Schale aufheben. Mit dem Messer das Orangenfleisch spaltenweise von den Zwischenhäuten schneiden. Den entstehenden Saft auffangen.
In einer mittelgroßen Schüssel den Orangensaft mit dem Rohrzucker und dem Rum verrühren, bis sich der Zucker aufgelöst hat. Die Erdbeeren und Orangenfilets unterheben und gut zugedeckt im Kühlschrank gut 1 Stunde marinieren.
Den Frischkäse mit dem Obers verrühren, auf 4 Desserttellern dekorativ anhäufen und mit je einer Erdbeere besetzen. Die marinierten Erdbee-

ren rings um den Käsehügel anrichten. Mit einem Zestenreißer oder einer groben Raspel einige Orangenschalenstreifen herstellen und die Teller damit dekorieren. Die Ingwerkekse entweder an den Tellerrand legen oder getrennt servieren.

Ingwerkekse (35–40 Stück)
330 g Weizenmehl
2 TL Backpulver
1–2 EL Ingwerpulver
2 TL Zimt, gemahlen
1 kräftige Prise Salz
170 g Butter
250 g brauner Rohrzucker
1 Ei
Schale einer halben unbehandelten Orange, fein geraspelt

Das Backrohr auf 180 °C vorheizen. Das Mehl in einer großen Schüssel mit Backpulver, Ingwer, Zimt und Salz vermischen. Die Butter mit dem Mixer schaumig rühren. Den Zucker nach und nach einschlagen. Zuletzt das Ei und die Orangenschale einarbeiten.
Das Mehl portionsweise in die Buttermischung rühren, bis ein glatter Teig entsteht. Ein Backblech mit Backpergament belegen. Mit einem Löffel Teighäufchen in etwa 4 cm Abstand setzen. Etwa 15 Minuten backen.

Pick me Up
Feinwürziger Salat mit Pistazien

6–8 Portionen

3 Stangen Sellerie in Scheiben
1 Fenchelknolle in schmalen Streifen
je 1 rote, grüne und gelbe Paprikaschote, entkernt und gewürfelt
4 EL Olivenöl
Saft einer Zitrone
2 EL frische Dille, gehackt
3 EL Petersilie, gehackt
Salz, weißer Pfeffer, frisch gemahlen
1 Spritzer Worcestershiresauce
1 EL Pistazien, geschält, geröstet und grob gehackt

Die Pistazien in einer trockenen Pfanne goldgelb rösten und grob hacken. Das Gemüse putzen und schneiden. Die Kräuter hacken.
Olivenöl mit Zitonensaft, Dille, Petersilie, Salz, Pfeffer und Worcestershirsauce kräftig schlagen, bis eine sämige Sauce entsteht. Das Gemüse mit der Sauce vermischen und 10 Minuten im Kühlschrank durchziehen lassen. Mit den Pistazien bestreut servieren.

Oyster Stuffed Mushrooms
Mit Austern gefüllte Pilze

16 große frische Champignons
2 EL Butter
Zitronensaft und Zitronenscheiben
4 Frühlingsszwiebeln, gehackt
1 TL gemischte Trockenkräuter (Thymian, Oregano, Lorbeer)
16 kleine Austern ohne Schale
2 EL Petersilie, gehackt

Die Stiele aus den Pilzköpfen herausdrehen und hacken. Die Pilzköpfe in Butter etwa 3 Minuten sautieren. Aus der Pfanne nehmen und mit Zitronensaft beträufeln.
Einen Grill vorheizen. Die Pilzstiele mit den Frühlingsszwiebeln in der verbliebenen Butter anschwitzen. Mit Salz, Pfeffer und einem Teil der Gewürzmischung abschmecken. Die Pilzköpfe mit der Zwiebelmischung füllen.
Die Austern in die in der Pfanne verbliebene Butter tauchen und auf die Pilzhüte setzen. Mit der restlichen Gewürzmischung bestreuen und unter dem Grill erhitzen, bis die Ränder der Austern sich zu wellen beginnen. Mit Petersilie bestreut und Zitronenscheiben belegt zu Salat und Weißbrot servieren.

Artichoke Breasts
Artischockenbrüstchen

4 Dutzend

2 Knoblauchzehen, gehackt
2 EL Olivenöl
1 kleine Dose Artischocken, abgetropft und püriert
2 Eier
125 g Brösel
125 g frischer Parmesan, gerieben
1 Prise Oregano, Thymian, Basilikum
2 Dutzend sehr kleine Cocktailtomaten
verschiedene Blattsalate

Den Knoblauch in Olivenöl kurz anrösten. Die Artischocken und die leicht verquirlten Eier einrühren. Auf kleiner Flamme etwa 5 Minuten unter stetigem Rühren erhitzen.
Die Mischung vom Herd nehmen, einen Großteil der Brösel und des Käses einrühren. Jeweils einen Esslöffel der Mischung zu Bällchen formen. In einer Mischung aus den restlichen Bröseln, Käse, Oregano, Thymian und Basilikum rollen. Die Cocktailtomaten halbieren und die Hälften leicht in die Bällchen drücken. Im Kühlschrank fest werden lassen. Dazu passt besonders gut italienisches Weißbrot, nach Wunsch mit Knoblauch geröstet.

Jellied Vegetables
Gemüsesülzchen mit Weißwein

150 g Brokkoli
150 g Champignons, fein blättrig geschnitten
1 Zwiebel, fein gehackt
4 Radieschen, in Stifte geschnitten
2 EL Öl
7 Blatt Gelatine
400 ml Rindsuppe
1 Glas süßer italienischer Weißwein
1 EL frische Kräuter, gehackt

Den Brokkoli in kleine Röschen teilen und kurz im Gemüsesieb dämpfen.
Die Zwiebel in Öl anschwitzen. Die Gelatine in wenig kaltem Wasser einweichen. Die Rindsuppe mit dem Weißwein aufkochen, vom Feuer nehmen und vorgeweichte Gelatine darin auflösen.
Das Gemüse mit den Kräutern mischen und in Förmchen legen. Mit der Suppe aufgießen, abkühlen lassen, danach 3 Stunden im Kühlschrank gelieren lassen.

Jellied Orange Consommé
Gelierte Orangensuppe

1 l Hühnersuppe
2 Pkg Gelatine
1 unbehandelte Orange
2 Eiklar
Salz
750 ml Orangensaft, frisch gepresst

Die kalte Suppe entfetten. Gelatine einrühren und 5 Minuten quellen lassen. Die leicht geschlagenen Eiklar einrühren und die Mischung bei starker Hitze aufkochen. Vom Feuer nehmen, 5 Minuten stehen lassen. Die Flüssigkeit durch ein Mulltuch seihen, Orangensaft einrühren und mit Salz kräftig abschmecken.
Sechs Stunden im Kühlschrank gelieren lassen. Mit dünnen Scheiben einer ungeschälten Orange dekorieren.

Clam Chowder
Muschelsuppe

18 Herzmuscheln (oder 2-3 Dutzend Venusmuscheln)
1 EL Maisstärke
250 ml Herzmuschelsaft (Fertigprodukt) oder Wasser
130 g Bauch- od. Frühstücksspeck, fein gehackt
1 große Zwiebel, fein gehackt
1 Stange Sellerie, fein gehackt
1 kleine grüne Paprikaschote, entkernt und gehackt
1 große Karotte, gehackt
500 g Tomaten aus der Dose, gehackt, mit Saft
1 Prise getrockneter Thymian
Salz, Pfeffer
1 Kartoffel, geschält und in Würfel geschnitten
1 Spritzer Tabasco

Eine große Schüssel mit kaltem Wasser füllen und die Maisstärke einrühren. Die Muscheln gut bürsten und in der Schüssel 30 Minuten wässern. Anschließend gründlich abspülen.
Die Muscheln und den Herzmuschelsaft oder Wasser in einen großen Topf geben und zugedeckt zum Kochen bringen. Die Hitze reduzieren, 4 bis 5 Minuten köcheln lassen, bis die Muscheln sich öffnen. (Muscheln, die sich nicht öffnen weggeben, da sie verdorben sind.) Das Muschelfleisch aus den Schalen nehmen und die Flüssigkeit in den Topf geben. Das Muschelfleisch hacken und beiseitestellen. Den Sud durch ein Sieb gießen. Falls nötig mit Wasser auf 750 ml ergänzen.
Den Speck in einem schweren Topf bei mittlerer Temperatur in etwa 8 Minuten knusprig braten und anschließend in eine Schüssel geben. Das Fett bis auf 1 EL weggießen. Die Zwiebel darin etwa 5 Minuten leicht anbräunen, den Bratensatz lösen. Sellerie, Paprika, Karotte, Tomaten, Thymian, Speckwürfel, Salz und Pfeffer sowie den Muschelsud hinzufügen. Die Suppe zum Kochen bringen. Bei reduzierter Hitze 30 Minuten zugedeckt köcheln lassen. Die Kartoffelstücke dazugeben, weitere 20 Minuten zugedeckt garen. Das gehackte Muschelfleisch hinzufügen, mit Tabasco, Salz und Pfeffer abschmecken.

Chicken Patties
Hühnerpastetchen

50 Pastetchen

1 große Hühnerbrust
1 EL Weizenmehl
1 EL Butter
1 Zwiebel, gehackt
1 grüne Paprikaschote, gehackt
3 Tomaten, geschält, entkernt und gehackt
5 Champignons, fein blättrig geschnitten
1 Prise Majoran
1 Prise Estragon
1 Zweig Petersilie
Salz, Pfeffer
50 Cocktail-Pastetenschälchen – ersatzweise Blätterteigpastetchen
Saft einer kleinen Zitrone
Öl zum Frittieren

Die Hühnerbrust in kleine Würfel schneiden und in Öl goldbraun braten. Das Fleisch aus der Pfanne nehmen und beiseitestellen.
Das Mehl in der Butter bräunen. Zwiebel und Paprika hinzufügen und unter ständigem Rühren glasig dünsten. 60 ml Wasser, die Tomaten und die Champignons hinzufügen. 10 Minuten dünsten. Mit Majoran, Estragon, Petersilie im Ganzen, Salz und Pfeffer würzen. Das Huhn einrühren und weich dünsten.
Die Pastetenschälchen laut Packungsanleitung aufbacken. Das Huhn aus der Sauce nehmen und im Mixer pürieren, das Petersilienstämmchen entfernen. Das Huhn in die Sauce zurückgeben und erhitzen. Den Zitronensaft hinzufügen und die erhitzten Pastetenförmchen mit der Fleischfarce füllen. Sofort servieren.

Crab Quiches
Krabbentörtchen

12 Tartelettes mit 8 cm Durchmesser

300 g Weizenmehl
Muskatnuss, frisch gerieben
200 g eiskalte Butter in Flöckchen
4 EL Sauerrahm
300 g Zuckererbsenschoten
200 g Tiefseekrabben, gekocht
2 EL Limettensaft
2 EL Butter für die Förmchen
3 Eier
125 ml Milch
150 g Crème fraîche
Salz, Pfeffer
1 Knoblauchzehe, gehackt
2 Frühlingsszwiebeln in Röllchen

Das Mehl mit etwas Salz und Muskat mischen, mit Butter und Rahm rasch zu einem glatten Teig verkneten und 30 Minuten im Kühlschrank rasten lassen. Die Erbsenschoten in Salzwasser bissfest garen. Die Krabben mit Limettensaft beträufeln. Die Tartelettförmchen buttern. Den Teig zu einer dicken Rolle formen, in 12 Stücke schneiden, diese ausrollen, in die Förmchen legen und mit einer Gabel mehrmals einstechen.
Das Backrohr auf 200 °C vorheizen. Die Eier mit der Milch kräftig verquirlen. Crème fraîche, Salz und Pfeffer sowie Knoblauch einrühren. Die Frühlingsszwiebeln untermischen. Erbsenschoten und Krabben auf die Förmchen verteilen und mit der Crème-fraîche-Mischung überziehen. Etwa 20 Minuten goldbraun backen.

Salmis of Duck
Ente in würziger Sauce

2 kleine Enten
etwas Öl
1 Zwiebel, 2 Knoblauchzehen, beides gehackt
2 EL Weizenmehl
200 ml trockener Rotwein
3 Fleischtomaten, grob gehackt
5 Stämmchen Petersilie
Salz, schwarzer Pfeffer, frisch gemahlen
1 Lorbeerblatt
je 1 Prise Thymian, Rosmarin, Basilikum
100 g grüne Oliven
50 g große Kapern
1 EL Petersilie, fein gehackt

Das Backrohr auf 180 °C vorheizen. Die Enten halbieren und in einer schweren Pfanne in etwas Öl goldbraun anbraten. Die Entenhälften mit der Hautseite nach oben nebeneinander in einen Bräter legen.
Im verbliebenen Entenfett Zwiebel und Knoblauch kurz rösten. Mit Mehl stauben. Das Mehl 1 Minute mitrösten. Mit Rotwein ablöschen. Tomaten, Petersilie, Salz, Pfeffer, Lorbeer, Thymian, Rosmarin und Basilikum hinzufügen. Die Mischung aufkochen und über die Enten gießen. Die Enten im Rohr 1 Stunde braten. Oliven und Kapern hinzufügen und weitere 30 Minuten braten. Mit Petersilie bestreut auf Reis servieren.

New Orleans Baba
Saftige Frühstücksküchlein

8 Babas

2 Eier
125 g Zucker
1 TL Vanilleessenz
250 g Weizenmehl
1 Prise Backpulver
350 ml Wasser
250 g Zucker
1 großes Gläschen guter Rum, Obers, Früchte (nach Wunsch)

Das Rohr auf 190 °C vorheizen. 8 kleine Förmchen ausbuttern oder Papiermanschetten vorbereiten.
Die Eier mit Zucker und Vanilleessenz schaumig rühren. Das Mehl mit Backpulver sieben und sorgfältig unter die Eimischung heben. Den Teig in die Förmchen gießen und 15 bis 20 Minuten backen.
Zucker mit Wasser erhitzen und zu einem dicken Sirup einkochen. Den Topf vom Feuer nehmen und den Rum einrühren.
Die Babas kräftig mit dem Sirup tränken. Mit Obers garnieren.
Diese Babas werden mit ganzen Früchten, Fruchtsalat oder Fruchtmark zum Festtagsnachtisch.

Fruit Chocolate Brownies
Schokoladeschnitten mit Nüssen und Früchten

1–2 Dutzend

2 EL Butter
150 g Bitterschokolade
125 ml Öl
200 g brauner Rohrzucker
2 Eier
1 TL Vanilleessenz
1 TL Backpulver
65 g Mehl
4 EL Kakao
50 g Nüsse, gehackt
200 g Obst nach Wahl

Das Rohr auf 180 °C vorheizen. Eine Backform von etwa 20 x 20 cm buttern.
Die Schokolade im Wasserbad schmelzen. Öl, Zucker, Eier und Vanilleessenz schaumig schlagen. Die geschmolzene Schokolade zügig und sorgfältig in die Eiermasse einrühren.
Mehl, Backpulver und Kakao mischen und unter die Schokolademasse heben.
Nüsse und Obststücke in den Teig einfalten. Nicht allzu lange rühren.
Die Masse in die Backform gießen und 30 bis 35 Minuten backen, bis die Oberfläche fest und knusprig ist. Innen bleiben die Brownies etwas weich.

Chilled Rum Soufflé
Geeistes Rumsoufflé

3 Blatt Gelatine
3 EL kaltes Wasser
3 Dotter
6 EL Zucker
200 ml Kondensmilch
1 EL Maisstärke, in 2 EL kaltem Wasser angerührt
3 EL dunkler Rum
3 Eiklar
1 TL Vanilleessenz
1 Prise Salz
1 unbehandelte Orange in Scheiben
2 EL Mandelblättchen

Gelatine in kaltem Wasser einweichen. Die Dotter mit 3 EL Zucker hellgelb schlagen. Die Kondensmilch mit der Maisstärke bei Mittelhitze erwärmen, bis die Mischung einen Löffel dick überzieht. Vom Feuer nehmen und Dotter sowie Gelatine in dünnem Strahl einrühren. Die Masse auf kleiner Flamme weiterrühren, ohne zu kochen, bis die Creme eindickt.

Den Rum in einem kleinen Topf erwärmen und anzünden. Den Topf schütteln, um die Flammen zu löschen. Rum und Vanilleessenz unter die Creme ziehen. Die Creme in Eiswasser 4 bis 5 Minuten kalt rühren. Eiklar mit den restlichen 3 EL Zucker und 1 Prise Salz steif schlagen. Ein Viertel des Schnees in die Rummasse ziehen, dann die Masse in den Schnee gießen und unterheben. Die Masse in einer Souffléform (1000 ml) mindestens 3 Stunden im Kühlschrank erstarren lassen. Mit hauchdünnen Orangenscheiben und gerösteten Mandelblättchen garnieren.

Refreshing Lemon Cake
Erfrischender Zitronenkuchen

1 Kuchen mit 20 cm Durchmesser

Teig
150 g Weizenmehl
40 g Staubzucker
120 g Butter
1 Prise Salz

Belag
2 Eier
100 g Zucker
Saft und Schale einer unbehandelten Zitrone
2 EL Weizenmehl
2 Msp Backpulver
1 Prise Salz
Butter und Mehl für die Backform
Staubzucker zum Bestreuen, Zuckerperlen als Dekor

Das Backrohr auf 180 °C vorheizen. Die Kuchenform buttern und mit Mehl ausstauben.
Das Mehl mit dem Staubzucker und Salz vermischen, die Butter rasch einkneten und den Teig auf dem Boden der Backform gleichmäßig verteilen. Den Teigboden 15 Minuten vorbacken, die Form aus dem Rohr nehmen und die Temperatur auf 150 °C reduzieren.
Die Eier in einer großen Schüssel schaumig rühren. Zucker, Zitronenschale und Zitronensaft einschlagen. Mehl, Backpulver und Salz portionsweise über die Eiermasse sieben und alles zu einer glatten Creme verrühren. Die Creme auf dem vorgebackenen Tortenboden verteilen und etwa 25 Minuten hellbraun backen.
Den Kuchen abkühlen lassen, mit Staubzucker bestreuen und mit Zuckerperlen dekorieren. Der Kuchen schmeckt am besten gut gekühlt mit Eistee serviert.

Espresso Chocolate Cake
Schokoladekuchen mit Kaffee

1 Doppelstock-Kuchen mit 20 cm Durchmesser

Teig
150 g Weizenmehl
1 Prise Backpulver
1 Prise Salz
200 g Bitterschokolade
130 g Butter
220 g Zucker
Vanilleessenz
5 Eier, getrennt

Füllung und Glasur
300 g Bitterschokolade
100 g Butter
4 EL Espresso
100 g Mandelblättchen
Butter und Mehl für die Backform(en)

Das Backrohr auf 180 °C vorheizen. Zwei Backformen mit 20 cm Durchmesser buttern und mit Mehl ausstauben. Sollten keine zwei Backformen vorhanden sein, kann der Teig auch auf einem Blech rechteckig gebacken und dann in zwei gleich große Hälften geteilt werden.
Mehl, Backpulver und Salz sorgfältig mischen.
Die für den Teig vorgesehene Schokolade in Stücke brechen und im Wasserbad mit der Butter schmelzen. Häufig umrühren. Die Mischung etwas abkühlen lassen. Mit dem Mixer die Hälfte der Zuckermenge, etwas Vanilleessenz und die Dotter in die überkühlte Masse einschlagen.
Eiklar halbfest schlagen, den restlichen Zucker portionsweise einarbeiten, bis der Eischnee steife Spitzen zeigt. Abwechselnd Mehl-Mischung und Eischnee vorsichtig in die Schokolademasse einarbeiten.
Den Teig in die Backformen oder auf das Blech gießen und glattstreichen. 25 Minuten backen, bis an einer Stricknadel oder einem hölzernem Grillspieß, in die Mitte der Masse gestochen, kein Teig mehr haften bleibt. Vor dem Füllen und Glasieren vollständig abkühlen lassen.
Für Füllung und Glasur die Schokolade in Stücke brechen und im Wasserbad mit der Butter schmelzen. Häufig umrühren. Sobald die Masse geschmolzen ist, den Topf vom Herd nehmen und den Kaffee einrühren.

Den Kuchen mit einer dicken Schicht Schokoladecreme betreichen, den zweiten Kuchen auf die Creme setzen und mit der restlichen Masse gleichmäßig glasieren. Mit Mandelblättchen bestreuen.
Die Creme kann nach Wunsch zusätzlich mit Rum, Weinbrand oder Cointreau aromatisiert werden.

Wake Up Bill

3 cl Brandy
1 cl Amaretto oder Galliano
1 Tasse heißer Espresso
brauner Rohrzucker nach Geschmack
Obers

Brandy und Amaretto oder Galliano in einem Irish-Coffee-Glas erhitzen, aber nicht kochen. Zuckern und mit heißem Espresso auffüllen. Umrühren. Das Obers darübergleiten lassen.

Angel's Dream

4 cl Crème de Cacao
2 bis 3 Spritzer Obers
1 Schokoladebohne

Crème de Cacao in ein vorgekühltes Likörglas gießen. Das Obers auf einen Mokkalöffel geben und vom Löffel vorsichtig in das Glas gleiten lassen, sodass sich das Obers nicht mit dem Likör vermischt, sondern eine zarte weiße Schicht bildet. Das Likörglas auf einem kleinen Teller mit Cocktailuntersetzer servieren. Die Schokoladenbohne auf den Untersetzer legen.

Mardi gras
Karneval in Louisiana

Hurricane
Wirbelwind

Deep South
Sektcocktail

Oysters New Orleans
Austernspieße

Creole Meat Pies
Kreolische Fleischpastetchen

Chicken Filé Gumbo
Deftiger Hühnereintopf

Kings Cake
Königskuchen

Queens Cup
Schlummertrunk der Königin

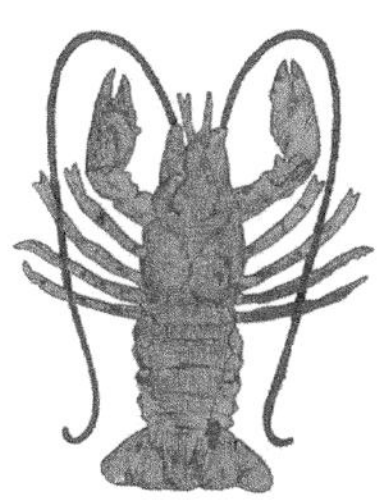

Mardi gras Karneval in Louisiana

Im puritanisch angehauchten Amerika konnte der Karneval nie so richtig Fuß fassen. Louisiana unterscheidet sich auch in diesem Punkt wesentlich von der übrigen Nation. Hier lässt man sich nicht in eine nachweihnachtliche Durststrecke ohne Feste fallen, sondern gibt sich ausgelassenen Genüssen hin. Offiziell beginnt der Karneval am Dreikönigstag. *Mardi gras*, der »fette Dienstag«, ist der Tag vor dem Aschermittwoch und Höhepunkt des Karnevals. Ein letztes Mal vor Beginn der Fastenzeit nutzen die Cajuns die Gelegenheit, ausgiebig zu feiern und zu genießen. In New Orleans führt *Rex*, der König des Karnevals, auf einem goldenen Thron sitzend, einen farbenprächtigen Umzug üppig geschmückter Festwagen mit Musikern und Kostümierten durch die von ausgelassen feiernden Menschen bevölkerten Straßen. Das schwarze Pendant zu Rex ist *King Zulu*. Von den Wägen herunter wirft das Gefolge des Königs bunte Ketten aus Glasperlen und kleine Münzen als »Geschenke des Monarchen an sein Volk« in die Zuschauermenge. Die klassischen Mardi-gras-Farben sind Grün, Violett und Gold.

In den ländlichen Gebieten wird der Mardi gras sehr traditionell gefeiert. In Begleitung von Cajun-Musikern reiten Gruppen von Festteilnehmern auf dem *Courir du Mardi gras* von Haus zu Haus und bitten um Zutaten für ein großes *Gumbo*, das am Abend gemeinsam zubereitet wird. Der Brauch lässt sich bis in das Mittelalter zurückverfolgen. Für die Burschen des Dorfs ist der wilde, vom Alkohol getriebene Ritt eine Art Initiationsritual. Um ein Entgleisen der Truppe zu verhindern, achtet ein Capitaine auf das Benehmen der Reiter. Ebenso wie beim städtischen Mardi gras dienen die Verkleidungen der Infragestellung gesellschaftlicher Normen und der kurzfristigen Erfüllung von Träumen. Häufig spenden die heimgesuchten Hofbesitzer den Reitern Geflügel. Je größer der Hof, desto mehr Hühner hat der Hausherr zur Verfügung zu stellen. Allzu einfach wird den Reitern die Übergabe allerdings nicht gemacht – die Hühner werden ganz einfach freigelassen.

Die anstrengenden Feierlichkeiten verlangen nach kräftigen Imbissen. Zum Anheizen der Stimmung ist der starke *Hurricane* ideal. Weniger geeichte Festteilnehmer werden sich eher an den erfrischenden *Deep South* halten. Nicht fehlen darf der Königskuchen mit einem eingebackenen

Glücksbringer. Einen schönen Abschluss bildet der Schlaftrunk der Königin. Die Mengenangaben sind für 4–6 Personen berechnet, die Rezepte für die Getränke ergeben jeweils 1 Glas.

Hurricane
Wirbelwind

Saft einer halben Limette
2 cl Lime Juice
1 cl Maracujasirup
2 cl Ananassaft
2 cl Orangensaft
2 cl weißer Rum
4 cl brauner Rum
1 Limettenviertel
gestoßenes Eis

Ein Becherglas zur Hälfte mit dem Eis füllen. Das Limettenviertel darüber leicht ausdrücken und in das Glas werfen. Alle übrigen Zutaten im Cocktailshaker auf Eis kräftig schütteln und in das Becherglas seihen. Mit Strohhalm servieren.
Dieser Longdrink trägt seinen Namen nicht zu Unrecht. Der angenehm fruchtige Geschmack verleitet zu mehr als einem Glas und bald beginnt sich der Barhocker zu drehen …

Deep South
Sektcocktail

1 cl Zitronensaft, frisch gepresst
1 cl Lime Juice
1 cl brauner Rum
1 cl Southern Comfort
Sekt

Zitronensaft, Lime Juice, Rum und Southern Comfort im Shaker auf Eis kräftig schütteln. In ein Sektglas seihen und mit Sekt aufgießen.

Oysters New Orleans
Austernspieße

2 Dutzend große Austern ohne Schale
100 g Mayonnaise
2 EL Schnittlauch
1 Msp getrockneter Thymian
1 Prise getrockneter Oregano
1 Prise getrocknetes Basilikum
1 Prise Paprikapulver
1 Msp Cayenne
75 g Mehl
125 ml Pflanzenöl
45 g Butter
1 Spritzer Tabasco
1 Zitrone

Die Austern auf Küchenpapier abtropfen lassen.
Die Mayonnaise mit dem gehackten Schnittlauch verrühren und abschmecken. Thymian, Oregano, Basilikum, Paprika und Cayenne in einer kleinen Schüssel mischen und bis auf 2 TL mit dem Mehl vermengen.
Je 3 Austern auf geölte Spieße stecken, im würzigen Mehl wenden und im heißen Öl-Butter-Gemisch 6 Minuten goldbraun backen. Die Spieße während des Bratens mehrmals wenden.
Die Spieße mit Küchenpapier abtupfen und die restlichen Gewürze darüberstreuen. Mit Tabasco bespritzen, mit Zitronenspalten garnieren und mit der Schnittlauchmayonnaise servieren.

Creole Meat Pies
Kreolische Fleischpastetchen

Teig
600 g Mehl
180 g Butter
250 ml Milch
Salz, Muskatnuss, frisch gerieben
30 g Butter zum Bestreichen

Füllung
1 grüne Paprikaschote, gehackt
1 Stange Sellerie, gehackt
1 große Zwiebel, gehackt
3 Knoblauchzehen, gehackt
750 g Faschiertes
3 Fleischtomaten, entkernt und fein gehackt
45 g Butter
2 Lorbeerblätter
1 Msp getrockneter Thymian, 1 Prise getrockneter Oregano
je 1 Prise weißer und schwarzer Pfeffer, frisch gemahlen
1 Prise Kreuzkümmel, 2 EL Petersilie, gehackt

Das Mehl mit der kalten Butter, Salz und Muskat rasch verbröseln. Die kalte Milch einarbeiten, bis ein glatter Teig entsteht. 30 Minuten im Kühlschrank rasten lassen.
Das Rohr auf 210 °C vorheizen. Ein Backblech fetten oder mit Backpergament belegen.
Paprikaschote, Sellerie und Zwiebel in der Butter 3 bis 4 Minuten andünsten. Knoblauch und Faschiertes hinzufügen und unter häufigem Rühren anbräunen. Tomaten und Gewürze, ausgenommen Petersilie, hinzufügen und die Füllung ohne Deckel etwa 20 Minuten köcheln. Den Topf vom Herd nehmen, die Lorbeerblätter entfernen und die Petersilie einrühren. Die Füllung auf Zimmertemperatur abkühlen lassen.
Den Teig auf einer bemehlten Fläche halbfingerdick ausrollen. Kreise von ca. 7 cm Durchmesser ausstechen. Die Füllung gleichmäßig auf die Teigkreise verteilen, die Ränder freilassen. Teigränder mit Wasser bestreichen. Die Teigstücke zusammenschlagen und die Ränder gut aufeinanderdrücken. Die Ränder mit den Zinken einer Gabel dekorieren. Die Pastetchen mit geschmolzener Butter bestreichen, 20 Minuten goldbraun backen.

Chicken Filé Gumbo
Deftiger Hühnereintopf

150 g Andouille (ersatzweise eine andere geräucherte Knoblauchwurst)
2 Scheiben magerer gekochter Schinken
1 große Zwiebel
1 grüne Paprikaschote
2 Frühlingszwiebeln
2 Stangen Sellerie
1 Knoblauchzehe, 2 Zweige Petersilie
1 kleines Huhn
6 EL Pflanzenöl
4 EL Weizenmehl
1 l gute Hühnersuppe
4 EL Tomatenmark
2 TL Zwiebelpulver, 2 TL Knoblauchpulver
1 TL getrockneter Thymian, 1 TL Kreuzkümmel
1 Msp getrockneter Oregano
3 EL Filépulver

Das Rohr auf 175 °C vorheizen. Wurst, Schinken, Zwiebel, Paprika, Frühlingszwiebeln, Sellerie und Knoblauch klein schneiden.
Das Huhn zerteilen und in einem schweren Topf in Öl von allen Seiten anbraten. Die Hühnerteile aus dem Topf nehmen und im Rohr warm halten.
Das Mehl nach und nach in das im Topf verbliebene Öl einrühren und auf Mittelhitze unter ständigem Rühren goldbraun rösten. Andouille, Schinken, Zwiebel, Paprikaschote, Frühlingszwiebel, Sellerie, Knoblauch und Petersilie hinzufügen. Auf kleiner Flamme unter ständigem Rühren 10 Minuten dünsten.
Die Hühnersuppe zugießen und die Mischung aufkochen. Hühnerteile, Tomatenmark, Zwiebelpulver, Knoblauchpulver, Thymian, Kreuzkümmel und Oregano hinzufügen. Das Gumbo etwa 1 Stunde köcheln lassen, dabei öfter umrühren.
Den Topf vom Feuer nehmen. Wenn die Flüssigkeit nicht mehr brodelt, das Filépulver einrühren und das Gumbo in tiefen Suppenschalen auf gekochtem Reis servieren.
Das Filépulver darf keinesfalls mitgekocht werden, da es bei Überhitzung bitter wird. Ist ein Aufwärmen des Gumbo geplant, rührt man das Filépulver besser nicht in den Eintopf, sondern streut es über die einzelnen Portionen.

Kings Cake
Königskuchen

1 EL Butter zum Fetten der Form
2 EL Semmelbrösel zum Ausstreuen der Form
50 g Semmelbrösel
6 Eier, getrennt
80 g Walnüsse, gerieben
150 g Ahornsirup
1 kleiner Apfel, gerieben
Schale einer unbehandelten Orange
1 EL Zitronensaft
1 EL Weinbrand
1 Prise Salz
1 große weiße Bohne
250 ml Obers oder bunte Zuckerglasur
Tortendekor aus Zucker oder Marzipan

Das Rohr auf 175 °C erhitzen. Eine Kranzkuchenform von etwa 20 cm Durchmesser buttern. Brösel einstreuen und die Form gut ausschütteln, um überschüssige Brösel zu entfernen.
Dotter mit dem Mixer hellgelb rühren, 125 g Ahornsirup portionsweise einarbeiten und die Mischung weiterschlagen, bis die Masse in einem breiten Band vom Löffel abfließt.
Brösel und Walnüsse vorsichtig unterziehen. Apfel, Orangenschale, Zitronensaft, Weinbrand und Salz einrühren.
Die Eiklar zu halbfestem Schnee schlagen. Nach und nach 25 g Ahornsirup einschlagen, bis der Schnee fest wird. Den Eischnee sorgfältig, jedoch vorsichtig unter die Nussmasse heben.
Die Masse in die Backform gießen und glatt streichen, die Bohne in den Teig einsinken lassen. Den Kuchen auf mittlerer Schiene 30 Minuten backen, bis sich der Teig leicht vom Rand der Form löst. Im abgeschalteten Rohr noch 15 Minuten rasten lassen.
Den ausgekühlten Kuchen mit geschlagenem Obers oder bunter Zuckerglasur bestreichen und mit dem Tortendekor verzieren.
Anstelle der Bohne wurden im Alten Süden kunstvoll gestaltete feuerfeste Figuren aus Ton oder Porzellan in den Teig eingebacken. Diese Figuren wurden von jener Person, die sie im Kuchen fand, ein Leben lang als Erinnerung an den Abend als Königin oder König aufgehoben.

Queens Cup
Schlummertrunk der Königin

200 ml Milch
50 ml Obers
2 Eier
60 g Zucker
1 Tropfen Vanilleessenz

Die Zutaten sorgfältig verrühren und durch ein Sieb in einen Topf gießen. Unter beständigem Rühren auf kleiner Hitze erwärmen, bis die Mischung dick zu werden beginnt. In einem möglichst königlichen Gefäß (ein Silberbecher, so vorhanden) servieren.

St. Patrick's Day
Feiertag der irischen Einwanderer

Black Velvet
Schwarzer Samt

Clover Leaf Rolls
Kleeblattbrötchen

Roast Beef Poor Boys
Saftiges Sandwich mit Rindfleischfüllung

Guinness Lamb with French Beans and Mashed Potatoes
Lamm in Guinness mit Cajun-Fisolen und Kartoffelpüree

Shamrock Buns
Saftige Kleeblatt-Germküchlein

Irish Coffee
Irischer Kaffee

St. Patrick's Day

Die Feiern zu Ehren des irischen Nationalheiligen am 17. März erinnern an Mardi gras. Große Umzüge mit Blaskapellen und festlich geschmückten Umzugswägen prägen das Stadtbild. Bei den Paraden werfen die Iren allerdings nicht nur die zu Mardi gras üblichen Ketten und Münzen von den Festwägen, sondern auch Kartoffeln und Kohlköpfe. Die Farbe Grün und das Kleeblatt als Symbol für Irland sind allgegenwärtig.

Die größte irische Einwanderungswelle erreichte Nordamerika 1845 und im Jahr darauf. Eine Kartoffelkrankheit bzw. die dadurch verursachte Hungersnot hatte gut 1 Million Iren von der Insel vertrieben. Auf der Suche nach Beschäftigung übernahmen sie Arbeit am Kanal vom Mississippi zum Lake Pontchartrain, obwohl die Gegend von Cholera, Gelbfieber und Malaria verseucht war. Die ärmlichen Behausungen der Arbeiter befanden sich zwischen dem Mississippi und der Magazine Street, die die Grenze zum heutigen Garden District bildet. Das Viertel hieß bald The Irish Channel.

In Erinnerung an alte Zeiten findet heute noch eine der drei St.-Patrick's-Day-Paraden von New Orleans dort statt. Ausgangspunkt ist die Parasol's Bar, die laut vieler New Orleaneans die besten *Poboys* anbietet. Die *Poboys* (arme Schlucker) sind die beliebtesten Sandwiches in Louisiana und werden in vielen Variationen an fast jeder Straßenecke verkauft. Basis ist immer ein französisches Stangenweißbrot, gefüllt mit Mayonnaise und geschnittenem Blattsalat. Darauf kommen zumeist in Maismehl gebackene Meeresfrüchte oder Roast Beef und verschiedene würzige Beigaben. Das Sandwich wird in einem speziellen Grill flachgedrückt und kurz angebacken.

Die Entstehungsgeschichte der *Poboys* liegt im Dunkeln. Angeblich soll eine Madame Begue vom French Market dieses Sandwich erfunden haben. Der Ruf der Männer, die auf dem Markt Arbeit suchten, war: *»Please give a sandwich to a poor boy!«* (Bitte um ein Sandwich für einen armen Schlucker!) Nach einer anderen Version haben die Gebrüder Martin 1929 während eines Streiks jedem »armen Schlucker« ein Gratissandwich versprochen. Vor dem Lokal hing später das Schild »Erfinder der Poor-Boy-Sandwiches«. Die Iren befinden sich mit ihrer Vorliebe für alkoholische Getränke in New Orleans in bester Gesellschaft. Neben dem traditionellen Whiskey wurde auch gerne der preisgünstige Gin getrunken. Die irische Trinkfreude ist sprichwörtlich. So bezeichnet man etwa eine ganz besonders unangenehme Sache als *»worse than the hangover after St. Patrick's Day«*.

Black Velvet
Schwarzer Samt

Guinness
Champagner

Einen Champagnerkelch zur Hälfte mit Guinness füllen, vorsichtig mit Champagner auffüllen.

Clover Leaf Rolls
Kleeblattbrötchen

2 Dutzend

400 g Weizenmehl
50 g Maisstärke
1 Pkg Trockengerm
2 TL Zucker
1 TL Salz
200–250 ml warme Milch
50 g zerlassene Butter
2 EL Butter für die Backform
3 EL zerlassene Butter zum Bestreichen

Das Weizenmehl mit Stärke, Germ, Zucker und Salz vermischen. Mit der warmen Milch rasch zu einem geschmeidigen Teig verkneten und gut zugedeckt an einem warmen, zugfreien Ort 45 bis 60 Minuten gehen lassen, bis sich das Volumen des Teiges verdoppelt hat.
Den Teig mit der Butter verkneten und gut zugedeckt nochmals 30 Minuten gehen lassen. Die Vertiefungen eines Muffinblechs buttern. Den Teig in 72 kleine Bällchen teilen. Je 3 winzige Bällchen in die Vertiefungen des Bleches legen. Zudecken und 25 Minuten aufgehen lassen.
Das Backrohr auf 225 °C vorheizen. Auf den Boden des Backrohrs eine kleine Pfanne mit Wasser stellen. Die Brötchen mit Butter bestreichen und etwa 25 Minuten goldbraun backen, bis eine Stichprobe in der Mitte keinen Teig mehr zeigt. Die Brötchen möglichst heiß mit Butter und Marmelade servieren.

Roast Beef Poor Boys
Saftiges Sandwich mit Rindfleischfüllung

1 Sandwich, 30 cm lang

600 g Suppenfleisch
3 Suppenknochen
1 Bund Suppengrün, geputzt und grob geschnitten
1 rote Zwiebel, ungeschält halbiert
1 Stück getrockneter Steinpilz
1 Kohlblatt
1 kleine Tomate, halbiert
1 Knoblauchzehe, geschält
1 Lorbeerblatt
5 Pimentkörner
10 schwarze Pfefferkörner
1 Prise Salz
1 französisches Weißbrot
100 ml Mayonnaise
1 kleiner Kopf Blattsalat, in Streifen geschnitten
3 süß-sauer eingelegte Gürkchen in Scheiben
2 Tomaten in Scheiben

Das Fleisch mit den Knochen in einen sehr großen Topf legen und knapp mit Wasser bedecken. Auf großer Flamme aufkochen, danach die Hitze reduzieren und das Fleisch sehr langsam etwa 3 Stunden kochen.
Das Suppengrün, die ungeschälte Zwiebel, den Steinpilz, das Kohlblatt, die kleine Tomate, den Knoblauch, Lorbeer, Piment, Pfefferkörner und Salz hinzufügen. Weitere 50 Minuten kochen. Das Fleisch aus dem mittlerweile dick eingekochten Saft herausheben und in feine Scheiben schneiden. Den Saft durch ein Küchensieb streichen, Gemüse und Knochen wegwerfen.
Ein frisches französisches Weißbrot waagrecht auseinanderschneiden. Die untere Hälfte zuerst mit etwas vom dick eingekochten Fleischsaft beträufeln, danach großzügig mit der Mayonnaise bestreichen. Die Salatstreifen auf der Mayonnaise verteilen. Die Fleischscheiben darauflegen und mit Fleischsaft begießen. Das Fleisch mit den Gurkenscheiben und den Tomaten belegen und das Sandwich schließen.
Das Brot in einem Plattengrill kurz antoasten. Mit ausreichend Servietten für den austretenden Fleischsaft servieren.

Guinness Lamb with French Beans and Mashed Potatoes

Lamm in Guinness mit Cajun-Fisolen und Kartoffelpüree

8 Koteletts
2 EL Olivenöl
1 EL Butter
2 Zwiebeln, in Ringe geschnitten
1 TL Mehl
1 Flasche Guinness oder anderes dunkles Bier
1 EL brauner Rohrzucker
500 g Fisolen
1 Knoblauchzehe
2 EL Olivenöl
1 TL Thymian
1 Prise Rosmarin
1 kg mehlige Kartoffeln
1 Prise Salz
1 Lorbeerblatt
200 ml Milch
4 EL Butter
1 Prise Muskatnuss, frisch gerieben
1 EL Petersilie, gehackt

Das Backrohr auf 150 °C vorheizen.
1 EL Olivenöl in einer schweren Pfanne erhitzen. Die Koteletts beidseitig scharf anbraten. Danach in eine Bratform legen.
Das restliche Olivenöl mit der Butter erhitzen. Die Zwiebelringe darin auf schwacher Hitze etwa 20 Minuten dünsten. Die Zwiebeln sollen weich und auf die Hälfte ihres ursprünglichen Volumens geschrumpft sein. Danach die Hitze erhöhen und die Zwiebeln unter häufigem Rühren braun braten. Mit Mehl stauben und unter ständigem Rühren kurz anrösten.
Das Bier mit dem Zucker unter kräftigem Rühren zu den Zwiebeln gießen, aufkochen und bei milder Hitze 5 Minuten köcheln. Häufig umrühren.
Die Koteletts mit der Sauce übergießen, 90 Minuten im Rohr schmoren.
In der Zwischenzeit die Fisolen putzen und im Gemüsesieb etwa 15 Minuten knackig dämpfen. Den Knoblauch schälen, grob hacken und im Olivenöl anrösten. Die Fisolen kurz mitrösten und vor dem Servieren mit Thymian und Rosmarin bestreuen.

Die Kartoffeln schälen, in kleine Würfel schneiden und in Salzwasser mit dem Lorbeerblatt 10 bis 12 Minuten weich kochen. Die Milch mit der Butter erwärmen. Die fertig gekochten Kartoffeln abseihen, das Lorbeerblatt entfernen und die Kartoffeln zerstampfen, die warme Milch mit der Butter und der Muskatnuss einrühren und die Masse zu einem glatten Püree verarbeiten.
Das Kartoffelpüree auf vorgewärmten Tellern anrichten – große Patrioten formen ein Kleeblatt aus dem Püree – und die Fisolen parallel auf das Püree legen, sodass die Spitzen leicht über den Rand hinausragen. Die Koteletts dazulegen und mit der Sauce begießen. Mit Petersilie bestreut servieren.

Shamrock Buns
Saftige Kleeblatt-Germküchlein

1 Dutzend

125 g Korinthen
1 kleines Glas Rum
1 Pkg Trockengerm
1 TL Zucker
125 ml warme Milch
250 ml kalte Milch
8 EL Butter, zerlassen
125 g Zucker
2 Dotter
1 TL geriebene Schale einer unbehandelten Zitrone
500 g Weizenmehl
1 Prise Salz
1 TL Zimt
1 Prise Muskatblüte, gerieben
250 g brauner Rohrzucker
60 g Butter
125 g Walnüsse oder Pekannüsse, gehackt

Die Korinthen im Rum einweichen. Die Germ mit dem Zucker in der lauwarmen Milch auflösen und 10 Minuten zugedeckt an einem warmen Ort stehen lassen. Die kalte Milch in einem schweren Topf mit 2 EL Butter und der halben Zuckermenge aufkochen. Rühren, bis der Zucker sich aufgelöst hat. Die überkühlte Milch in die Germmasse einrühren. 1 Dot-

ter in die Milchmischung einschlagen. Die Zitronenschale einrühren. Das Mehl mit Salz in einer großen Schüssel vermischen. In die Mitte eine Mulde drücken. In diese Mulde die Milchmischung gießen. Die Masse mit einem großen Löffel so lange schlagen, bis sie sich vom Rand der Schüssel löst. Den Teig zu einer Kugel formen und gut zugedeckt 1 Stunde an einem warmen, zugfreien Ort gehen lassen.
Den Teig zusammenschlagen und auf einer leicht bemehlten Fläche zu einem halbfingerdicken Rechteck ausrollen. Den Teig mit 3 EL zerlassener Butter bestreichen. Den verbliebenen Zucker mit dem Zimt und der Muskatblüte mischen und mit den Korinthen auf den Teig streuen.
In einem kleinen Topf 125 ml Wasser mit dem Rohrzucker und 60 g Butter aufkochen. Bei Mittelhitze etwa 10 Minuten zu einem dicklichen Sirup einkochen. Die Hälfte des Sirups auf den Teig träufeln. Die Teigplatte zu einer schmalen Rolle formen.
Eine tiefe Backform mit der restlichen zerlassenen Butter fetten. Aus der Teigrolle fingerdicke Scheiben schneiden. Aus je 4 Scheiben vierblättrige Kleeblätter formen und in der Form anordnen. Den restlichen Sirup über die Röllchen gießen. Die Nüsse darüberstreuen. Die Form zugedeckt an einem warmen, zugfreien Ort 25 Minuten gehen lassen. Das Backrohr auf 175 °C vorheizen.
Die Kleeblätter etwa 30 Minuten goldbraun backen, voneinander trennen und heiß servieren.

Irish Coffee

4 cl Irish Whiskey
brauner Rohrzucker nach Geschmack
1 Tasse heißer starker Kaffee
Obers, leicht aufgeschlagen

Den Whiskey in einem Irish-Coffee-Glas erhitzen, aber nicht aufkochen, und anzünden. Den Zucker hinzufügen, mit heißem Kaffee auffüllen, umrühren und das Obers ins Glas gleiten lassen.

St. Joseph's Day
Gelage in der Fastenzeit

Castro Street Lemonade
Alkoholfreier Cocktail

St. Joseph's Bread Aunt Lucia Style
St.-Joseph-Brot nach Tante Luzia

Muffuletta
Sizilianisches Riesensandwich

Stuffed Crabs
Gefüllte Krebse

Seafood Stuffed Eggplants
Melanzani mit Meeresfrüchten

Blueberry Pie with Figs & Pine Seeds
Heidelbeerkuchen mit Feigen und Pinienkernen

Godfather
(Der) Pate

Godmother
(Die) Patin

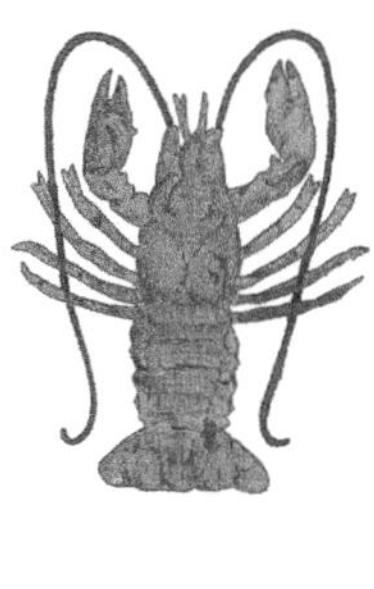

St. Joseph's Day
Gelage in der Fastenzeit

St. Joseph ist der Schutzpatron der Sizilianer. An ihn ergehen das ganze Jahr über Bitten aller Art: vom Finden eines treuen Ehemanns für die überreife Tochter bis zum Lottogewinn. Zum Dank und wohl auch, um den Heiligen für das Folgejahr zu motivieren, errichten die Gläubigen reich geschmückte Altäre. Dieser Feiertag am 19. März, auch als *Mi-Carême* (Mitte der Fastenzeit) bezeichnet, bietet eine angenehme Unterbrechung des Fastens und der spirituellen Einkehr. Bald wurde das Datum ein wichtiger Termin im gesellschaftlichen Kalender von New Orleans, weit über die katholische Gemeinschaft hinaus. Die Festgelage, Tanzveranstaltungen und Maskenbälle enden für Katholiken allerdings Schlag Mitternacht und die Gläubigen kehren zu ihren christlichen Pflichten der Fastenzeit zurück.

Eine St.-Joseph-Statue bildet gewöhnlich das Zentrum des Altars. Die Dekoration reicht von Heiligenfiguren über Reste alter Spitzenvorhänge bis zu Versatzstücken vom Weihnachtsbaum des Vorjahres. Der wichtigste Teil der Aufbauten ist jedoch ein möglichst reichhaltiges Buffet. Die Spezialität des Tages sind St.-Joseph-Brote in Form von Kränzen. Es handelt sich dabei um italienische Brote in den verschiedensten Variationen, entscheidend ist lediglich die Form. Für das Festmahl wird wochenlang gekocht, gebacken und gebraten. Einige Familien setzen ihre Einladungen sogar in die Lokalzeitung, den *New Orleans Daily Picayune*. Der Großteil der dargebotenen Speisen hat italienischen Ursprung in Kombination mit lokalen Rezepturen.

So hat sich die italienische *Muffuletta* in ganz New Orleans durchgesetzt, ein mehrere Zentimeter dickes Sandwich. Jedes italienische Deli der Stadt rühmt sich, das beste und einzig originale *Muffuletta* herzustellen. Die Zutaten variieren, aber Olivensalat ist immer dabei. Variabel sind auch die Geschichten über die Entstehung dieses klassischen Snacks. Der Name stammt aus Sizilien und bezeichnet ein rundes, mit Sesam bestreutes Brot. Erfunden wurde das Sandwich Anfang des 20. Jahrhunderts in New Orleans. Nach der gängigsten Version hatte es ein Arbeiter eilig, schnitt das Brot in der Mitte durch und füllte sein Mittagessen hinein. Eine andere Variante erzählt von einem italienischen Lebnensmittelhändler, der es satt hatte, seinen Laden ständig von Bröseln und Olivenkernen zu reinigen, und die Zwischenmahlzeit einfach zwischen zwei Brothälften packte. Die afro-amerikanische Bevölkerung verehrt St. Joseph, indem sie am Wochenende vor oder nach St. Joseph's Day karnevalsartige Paraden in ihren Mardi-gras-Kostümen veranstaltet. Die Rezepte sättigen, wenn nicht anders angegeben, jeweils 4 Heilige. Die Angaben für die Getränke beziehen sich auf 1 Glas. Die Reste des Festmahls verteilt man an Waisenhäuser oder die Heilsarmee.

Castro Street Lemonade
Alkoholfreier Cocktail

Saft einer halben Limette
2–3 cl Zitronensaft
1–2 cl Maracujasirup
1 Barlöffel brauner Rohrzucker
2 cl Zuckersirup
Mineralwasser oder Soda
Limetten- und Zitronenscheiben

Zutaten im Shaker auf gestoßenem Eis kräftig schütteln, in ein Longdrinkglas seihen, mit Wasser auffüllen, mit Limetten- und Zitronenscheiben garnieren.

St. Joseph's Bread Aunt Lucia Style
St.-Joseph-Brot nach Tante Luzia

Teig
3 EL frische Germ oder 2 Pkg Trockengerm
1 Prise Zucker
100 ml Milch, lauwarm
500 g Weizenmehl
2 TL Zucker
2 TL Salz
1 Prise Selleriesamen (ersatzweise Fenchelsamen)
5 EL Öl

Glasur
2 TL Obers
1 Dotter
4 TL Selleriesamen (ersatzweise Fenchelsamen)

Die Germ mit dem Zucker in der lauwarmen Milch auflösen. Das Mehl in eine große Schüssel sieben. Mit Zucker, Salz und Selleriesamen vermischen. In die Mitte eine Mulde drücken und die Germmischung hineingießen. Die Schüssel zugedeckt an einem warmen, zugfreien Ort etwa 20 Minuten stehen lassen, bis die Mischung Blasen wirft. Etwa 300 ml warmes Wasser hinzufügen. Den Teig mit einem großen Löffel so lange schlagen, bis er sich vom Rand der Schüssel löst. Zugedeckt mit Öl bestrichen weitere 30 bis 60 Minuten gehen lassen.
Das Backrohr auf 200 °C vorheizen. Ein Backblech mit Pergament auslegen. Den Teig mit geölten Händen zu einer Rolle formen, die Rolle zu einem Kranz schließen. Obers und Dotter mit einer Gabel kräftig verquirlen. Den Kranz mit dieser Mischung bestreichen, mit den Selleriesamen bestreuen und etwa 45 Minuten goldbraun backen, bis eine Stichprobe keine Teigreste mehr zeigt.
Mit diesem Teig ohne Selleriesamen sind zahlreiche Variationen des St.-Joseph-Brots möglich. Besonders gut ist eine Variante mit schwarzen Oliven, Knoblauch, Olivenöl und Thymian.

Muffuletta
Sizilianisches Riesensandwich

1 rundes Brot von 25 cm Durchmesser, mit Sesam bestreut
100 g eingelegte Oliven, entkernt und grob gehackt
1 eingelegter Pfefferoni, entkernt und grob gehackt
3 eingelegte Artischockenherzen, zerteilt
1 eingelegte rote Paprikaschote, grob gehackt
6 eingelegte Perlzwiebeln, halbiert
5 eingelegte Kapern
1 Knoblauchzehe, gehackt
1 EL Petersilie, gehackt
2 EL Olivenöl
1 EL Olivenmarinade
1 Prise getrockneter Oregano
100 g italienische Salami, hauchdünn geschnitten
100 g italienischer Käse nach Wahl, dünn geschnitten
50 g italienischer Schinken nach Wahl, dünn geschnitten

Aus Oliven, Pfefferoni, Artischocken, Paprikaschote, Perlzwiebeln, Kapern, Knoblauch, Petersilie, Olivenöl, Olivenmarinade und Oregano einen saftigen Olivensalat herstellen und etwa 1 Stunde im Kühlschrank ziehen lassen.
Das Brot waagrecht durchschneiden. Die untere Hälfte mit etwas Saft des Olivensalats befeuchten. Darauf die Salami verteilen. Die Salami großzügig mit dem Olivensalat bedecken. Den Käse gleichmäßig auf den Olivensalat schlichten. Mit Schinken abschließen. Sollte vom Olivensalat noch Saft übrig sein, die obere Brothälfte damit beträufeln und das Sandwich schließen. Die Hälften fest zusammendrücken und das Brot mit einem scharfen Sägemesser vierteln.
Anstelle von Wurst, Käse und Schinken können auch eingelegte Meeresfrüchte verwendet werden.

Stuffed Crabs
Gefüllte Krebse

4 Taschenkrebse oder Schlammkrebse
1 Zwiebel, fein gehackt
1 grüne Paprikaschote, entkernt und fein gehackt
1 Knoblauchzehe, fein gehackt
1 Stück Chilischote, fein gehackt
40 g Butter oder Olivenöl
100 ml kräftige Hummersuppe (ersatzweise Hühnersuppe)
4 EL Obers
je 1 Prise Salz, frisch geriebener schwarzer und weißer Pfeffer
2 Sellerieblätter, getrocknet (ersatzweise Selleriesalz)
50 g Weißbrotkrume
1 EL Petersilie, gehackt
1 Zitrone, geviertelt

Die Taschenkrebse etwa 1 Stunde einfrieren (so lassen sie sich anschließend leichter schälen). In einem großen Topf mit kochendem Wasser 10–15 Minuten kochen. Die Krebse auf den Rücken legen und den Hautlappen auf der Unterseite anheben. Den harten oberen Panzer wegbrechen und säubern. Die Innereien entfernen und die Kiemen abziehen. Das Krebsfleisch mit den Fingern zerpflücken.
Das Backrohr auf 200 °C vorheizen. Ein Backblech mit Backpergament auslegen. Zwiebel, Paprikaschote und Knoblauch in der Butter mit Chili etwa 5 Minuten andünsten. Suppe und Obers zugießen. Mit Salz, Pfeffer und Sellerie abschmecken. 4 Minuten bei sehr geringer Hitze ziehen lassen. Das Krebsfleisch und die Hälfte der Brotkrume einrühren und die Masse kurz erwärmen. Die Mischung in die Krebspanzer füllen. Die restliche Brotkrume auf der Füllung verteilen und gut festdrücken. 15 Minuten goldbraun backen.
Mit Petersilie bestreut und den Zitronenvierteln servieren.

Seafood Stuffed Eggplants
Melanzani mit Meeresfrüchten

2 Melanzani, geschält
1 TL Salz
3 EL Olivenöl
2 EL Weizenmehl
3 Schalotten, fein gehackt
1 grüne Paprikaschote, fein gehackt
1 Stange Sellerie, fein gehackt
1 Tomate, geschält, entkernt und fein gehackt
300 g gegarte Meeresfrüchte nach Wahl (Muscheln, Krebse, Shrimps)
200 ml Obers
1 Prise Estragon
1 Prise Senfpulver (ersatzweise scharfer Senf)
je 1 Prise Salz, schwarzer und weißer Pfeffer, frisch gemahlen
Tabasco
100 g Weizenmehl
1 großes Ei, leicht verquirlt
180 g Maismehl, sehr fein gemahlen (ersatzweise Semmelbrösel)
Öl zum Frittieren
1 Zitrone, geviertelt
1 Zweig Petersilie oder frisches Basilikum

Die Melanzani längs halbieren und mit einem Löffel aushöhlen, dabei einen kleinfingerdicken Rand stehen lassen. Die Melanzanihälften und das Fruchtfleisch einsalzen und 20 Minuten ziehen lassen.
Das Olivenöl in einer großen, schweren Pfanne erhitzen, das Mehl einrühren und zu einer mittelbraunen Roux rösten. Schalotten, Paprika, Sellerie und Tomate zugeben und 5 Minuten unter häufigem Rühren dünsten. Den Saft aus den Melanzanihälften und dem Fruchtfleisch ausdrücken. Das Salz unter kaltem Wasser wegspülen. Das Fruchtfleisch fein hacken und mit dem Gemüse 5 Minuten dünsten. Die Meeresfrüchte und das Obers hinzufügen. Die Sauce mit Estragon, Senfpulver, Salz, Pfeffer und Tabasco abschmecken. 6 Minuten ziehen lassen.
Die Melanzanihälften trocken tupfen, pfeffern und im Mehl wenden. Überschüssiges Mehl abklopfen. Die Hälften im Ei wenden, danach mit Maismehl oder Bröseln bedecken. Bei Mittelhitze goldgelb frittieren. Die Melanzani füllen. Mit Petersilienblättchen oder Basilikum dekorieren und mit den Zitronenvierteln sofort servieren.

Blueberry Pie with Figs & Pine Seeds
Heidelbeerkuchen mit Feigen und Pinienkernen

Tarte mit 30 cm Durchmesser

Teig
300 g Weizenmehl
225 g Butter
15 g Zucker
2 Dotter
1 Prise Salz

Belag
50 g Marillenmarmelade
2 EL Portwein
300 g Heidelbeeren
350 g frische Feigen
50 g Pinienkerne
1 Prise getrockneter Rosmarin
15 g Zucker
10 g Staubzucker

Das Mehl mit Butterwürfeln, Salz und Zucker rasch verbröseln. Dotter und 3 EL kaltes Wasser einarbeiten. Den Teig zu einer Kugel formen und 30 Minuten im Kühlschrank rasten lassen.
Rohr auf 200 °C vorheizen. Teig ausrollen und in eine gefettete flache Tarteform legen. Den Boden mehrmals einstechen. 10 Minuten backen. Die Marillenmarmelade mit Portwein verrühren. Den Teigboden mit der Marmelade bestreichen. Die Feigen in sehr kleine Stücke schneiden und mit den Heidelbeeren auf dem Teig verteilen. 30 Minuten backen. Mit Pinienkernen, Rosmarin und Staubzucker bestreuen und unter dem Grill karamellisieren.

Godfather
(Der) Pate

4 cl Bourbon
2 cl Amaretto

In einem kleinen Becherglas auf Eis verrühren.

Godmother
(Die) Patin

4 cl Wodka
2 cl Amaretto

In einem kleinen Becherglas auf Eis verrühren.

Independence Day
Patriotisches Picknick

Blue Moon
Blauer Mond

Red Bell Peppers with White Sheep Cheese Stuffing & Blue Tortilla Chips
Rote Paprikaschoten, gefüllt mit weißem Schafskäse & blauen Maischips

Southern Style Barbecued Ribs
Gegrillte Schweinerippchen nach Südstaatenart

Tomato Salad with Blue Cheese Cream Dressing
Tomatensalat mit Sauce vom Blauschimmelkäse

Spicy Red Eggs
Würzige Rote-Rüben-Eier

White Pickles
Weißer Gemüsesalat

Blueberry & Raspberry Cheese Cake
Topfenkuchen mit Heidelbeeren & Himbeeren

Stinger
Weißer After-Dinner-Drink

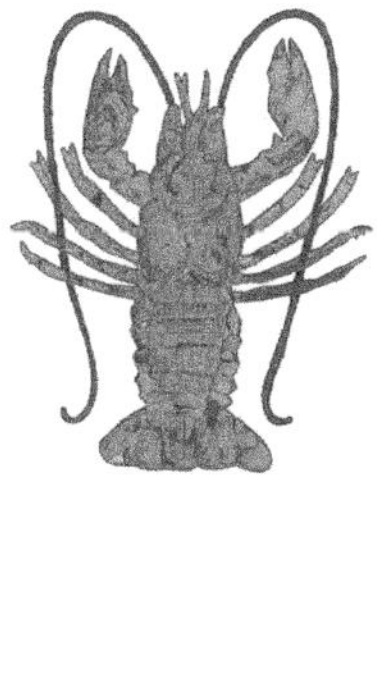

Independence Day – 4th of July
Patriotisches Picknick

Am 4. Juli 1776 erfolgte die Unterzeichnung der Unabhängigkeitserklärung durch die Vereinigten Staaten, damals erst 13 Bundesstaaten, symbolisiert durch die 13 Streifen in der Fahne.
Der Nationalfeiertag wird jedes Jahr mit großem Lärm begangen. Häuser und Festpavillons sind in den Nationalfarben geschmückt: Rot, Weiß und Blau dominieren das Stadtbild. Der Tag beginnt mit einem großen Umzug, bei dem sich besonders in ländlichen Gebieten die Mitglieder diverser Vereine gerne durch besonders ausgefeilte, meist historisch-militärisch angehauchte Kostümierung hervortun. An der Spitze des Festzuges zeigen möglichst hübsche Mädchen als Tambourmajoretten nicht nur stramme Beine, sondern auch ihre Künste beim Stöckchenwirbeln. Begleitet wird die Parade von Musikkapellen und Trachtengruppen. Auf den Umzug folgen patriotische Reden und ein Festgottesdienst. Danach gibt es ein Festmahl in großem Kreis mit abschließendem Feuerwerk. Das Sommerwetter nutzen die Festgäste gerne zu einem Picknick oder einem Barbecue im Kreis der Familie oder Gemeinde.
Unser Festmenü für 6–8 Personen ist ganz patriotisch in den Nationalfarben gehalten und lässt sich bequem ins Grüne mitnehmen. Die Cocktailrezepte ergeben jeweils 1 Glas.

Blue Moon
Blauer Mond

4 cl Obers
2 cl Tequila
1 cl Blue Curaçao
2 Schuss Galliano

Alle Zutaten in einem Shaker auf Eis gut schütteln. In eine Cocktailschale abseihen.

Red Bell Peppers with White Sheep Cheese Stuffing and Blue Tortilla Chips

Rote Paprikaschoten, gefüllt mit weißem Schafskäse und blauen Maischips

250 ml Sauerrahm
3 Knoblauchzehen, fein gehackt
1 Prise Staubzucker
1 Prise Salz
4–6 Scheiben altbackenes Weißbrot
200 ml Milch
6–8 rote Paprikaschoten
1 Stange Lauch
4 EL Olivenöl
600–800 g Schafskäse
1 Prise Thymian
1 Prise Oregano
1 Prise schwarzer Pfeffer, frisch gemahlen
1 Pkg blaue Mais- bzw. Paprikachips

Den Sauerrahm mit Knoblauch, Zucker und Salz vermischen und im Kühlschrank ziehen lassen.
Das Rohr auf 180 °C vorheizen.
Das Brot in kleine Würfel schneiden und in der Milch einweichen. Von den Paprikaschoten den Deckel abschneiden. Kerne und Rippen entfernen, ohne die Schale zu verletzen. Klein geschnittenen Lauch im Olivenöl anschwitzen. Den Schafskäse mit einer Gabel zerdrücken, mit Thymian, Oregano, Pfeffer, dem Weißbrot und Lauch gut vermischen. Die Paprikaschoten füllen und den Deckel aufsetzen.
Ein Backblech fetten, die Paprikaschoten daraufsetzen und 35–40 Minuten backen. Sollten die Schoten zu rasch bräunen, zwischendurch mit Alufolie bedecken und gegen Ende der Backzeit die Folie entfernen.
Mit Maischips und Knoblauchrahm servieren.
Die gefüllten Paprika schmecken warm und kalt ausgezeichnet.

Southern Style Barbecued Ribs
Gegrillte Schweinerippchen nach Südstaatenart

3 kg Schweinerippchen
1 EL Chiliflocken
1 EL getrockneter Thymian
1 EL Salz
1 EL schwarzer Pfeffer, frisch gemahlen
5 Knoblauchzehen, grob gehackt
500 ml Weinessig
1500 g rote Kartoffeln, gekocht
2 Stangen Sellerie, gehackt
1 grüne Paprikaschote, gehackt
1 Zwiebel, gehackt
1 Dose geschälte Tomaten, grob gehackt
3 EL Olivenöl
Petersilie, fein gehackt

Chiliflocken, Thymian, Salz und Pfeffer mit dem Knoblauch mischen und die Rippchen damit einreiben. Essig hinzufügen und die Rippchen über Nacht im Kühlschrank marinieren. Vor dem Grillen nochmals mit der Marinade einreiben.
Die Holzkohle gut vorheizen. Sobald sich weiße Asche bildet, die Rippchen auf dem Rost je nach Stärke etwa 40 Minuten grillen. Die Kartoffeln entweder auf den Rost legen oder in Alufolie in der Glut erwärmen. Ist kein Holzkohlengrill vorhanden, können die Rippchen auch im Rohr zubereitet werden. Dafür das Rohr auf 180 °C vorheizen. Die Rippchen auf dem Rost oder auf einem Blech 20 Minuten braten. Danach die Temperatur auf 200 °C erhöhen und die Rippchen weitere 20 Minuten braten, bis sie knusprig braun werden. In dieser Zeit die Kartoffeln zum Bräunen mit in das Rohr schieben.
Während die Rippchen garen, Zwiebel, Sellerie und Paprikaschote in Olivenöl weich dünsten. Tomaten dazugeben und 5 Minuten mitdünsten. Zum Schluss mit Petersilie bestreuen.
Die Rippchen mit der Gemüsesauce und frischem Brot servieren; dazu schmeckt Bier am besten.

Tomato Salad with Blue Cheese Cream Dressing
Tomatensalat mit Sauce von Blauschimmelkäse

300 ml Sauerrahm
6 EL Apfelessig
Salz, schwarzer Pfeffer, frisch gemahlen
300 g Blauschimmelkäse
900–1200 g Fleischtomaten
einige Sellerieblätter

Für das Dressing den Sauerrahm mit dem Essig, Salz und Pfeffer gut vermengen. Den Käse zerdrücken oder in kleine Würfel schneiden. Dem Sauerrahm beigeben. Tomaten in Scheiben oder Viertel schneiden und mit dem Dressing überziehen. Mit Sellerieblättern garnieren.

Spicy Red Eggs
Würzige Rote-Rüben-Eier

6 Rote Rüben
250 ml Essig
250 ml Wasser
80 g brauner Rohrzucker
1 TL Salz
6–8 Eier, hart gekocht, geschält
1 Zimtstange
2 Gewürznelken

Die Roten Rüben schälen, in Würfel schneiden und im Essigwasser mit Salz und Zucker weich kochen. Nelken und Zimt hinzufügen und mit den hart gekochten Eiern über Nacht im Kühlschrank aufbewahren. Die Eier nehmen dabei eine dekorative rote Farbe an.

White Pickles
Weißer Gemüsesalat

1 Karfiol
1 Sellerieknolle
300 g weiße Riesenbohnen aus der Dose
1 l Apfelessig
3 EL Senfkörner
1 EL Pfefferkörner
1 Lorbeerblatt
50 g brauner Rohrzucker
Salz nach Belieben

Den Karfiol in kleine Röschen teilen und im Gemüsesieb dämpfen. Die Sellerieknolle schälen, in Würfel oder Streifen schneiden und im Gemüsesieb dämpfen. Die weißen Bohnen so lange spülen, bis das Wasser klar bleibt. Essig mit Senfkörnern, Pfefferkörnern, Lorbeer, Zucker und Salz aufkochen. Das Gemüse nach Sorten getrennt in große gut verschließbare Gläser füllen und mit der Marinade bedecken. Die Pickles sind ein paar Monate haltbar.
Perlzwiebeln passen farblich zum weißen Gemüse.

Blueberry & Raspberry Cheese Cake
Topfenkuchen mit Heidelbeeren & Himbeeren

225 g mürbe Nusskekse oder Hafervollkornkekse
75 g Butter
250 g Topfen
4 Eier
150 g Zucker
200 ml Sauerrahm
Vanilleessenz
Saft und Schale einer unbehandelten Zitrone
250 g Heidelbeeren
250 g Himbeeren
Staubzucker nach Geschmack

Das Rohr auf 180 °C vorheizen. Den Boden einer Springform mit 19 cm Durchmesser mit Backpergament auslegen. Die Kekse zerbröseln. Die Butter schmelzen und die Keksbrösel untermischen. Aus dieser Mischung einen flachen Boden in die Form drücken. Den Topfen mit den ganzen Eiern und dem Zucker schaumig rühren. Den Sauerrahm, Zitronensaft, Vanille und Zitronenschale unterheben. Die Masse auf den Keksboden gießen, glatt streichen und ca. 60 Minuten backen. Die Beeren nach Sorten getrennt mit Zucker nach Geschmack im Mixer pürieren und als Sauce zum Kuchen servieren.

Stinger
Weißer After-Dinner-Drink

70 cl Weinbrand
24 cl weiße Crème de Menthe
Eiswürfel

Alle Zutaten kräftig zu einem sehr erfrischenden Drink mixen.

Native Indian Cuisine
Traditionelle Indianerküche

Pessimin Salad with Seafood
Persimonensalat mit Meeresfrüchten

Pemmican
Energiehappen der Indianer

Choctaw Hominy Soup
Maissuppe

Muskogee Wild Onion Bean Cakes
Wildzwiebel-Bohnen-Omelette

Mississippi Succotash
Maistopf

Choctaw Acorn Cakes
Eichelküchlein

Cherokee Reunion Cake
Erdbeerkuchen

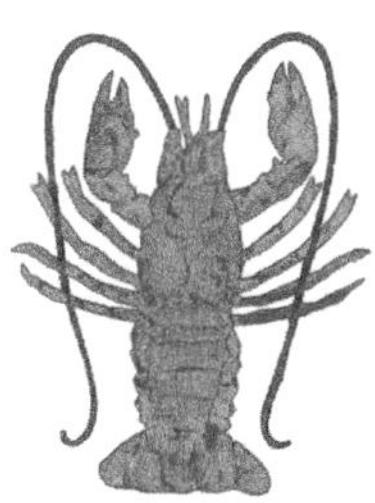

Native Indian Cuisine
Traditionelle Indianerküche

Hernando de Soto traf Mitte des 16. Jahrhunderts auf Indianer, die in palisadenbewehrten Dörfern wohnten und Mais und Bohnen anbauten. Es handelte sich um die der Irokesen-Sprachfamilie verwandten Cherokee sowie die Muskogee sprechenden Choctaw, Chickasaw, Creek und Seminolen. In den Küstengebieten lebten die Powhatan, die Algonkin sprachen. Das öffentliche Leben war männlich dominiert, die Frauen beherrschten das Haus. Gejagt, gefischt, gesammelt und gegessen wurde jeweils in der Gruppe. Wichtiger Bestandteil jeder Zeremonie war ein großes Festessen.
Die Wälder der Südstaaten boten reichlich Wild und Geflügel, Beeren, Wurzeln und Pilze, Wildkräuter, Samen und Nüsse sowie Palmen als Baumaterial und Nahrungsquelle. Sehr beliebt waren auch Kaktusfrüchte und Agaven. Der Mississippi und der Golf von Mexiko gewährleisteten die Versorgung mit Fisch und Meeresfrüchten.
Zahlreiche Nahrungsmittel wurden roh verzehrt, weshalb die Spanier die Bewohner der Golfküste abfällig »Rohesser« nannten. Warme Speisen wurden meist in einem großen Topf gekocht oder über dem offenen Feuer gegrillt. Oft hing ein Kessel mit Suppe oder Eintopf über dem Feuer. Mitunter wurden die Nahrungsmittel auch in einer mit glühenden Kohlen ausgelegten Grube gegart, Dämpfen war durch Auslegen dieser Grube mit feuchten Blättern möglich. Das ursprünglich verwendete Bärenfett wurde allmählich durch Butter, Schweineschmalz und Öl ersetzt. Man würzte mit Salz, aromatischen Beeren, Chilischoten und Holzasche. Getrockneter wilder Topinambur, Samen und Nüsse dienten vermahlen zum Andicken von Saucen und zum Brotbacken. Konserviert wurde durch Trocknen oder Räuchern. Beeren, getrocknetes Fleisch und Fett verarbeitete man zu *Pemmican*, das auf langen Wanderungen und Kriegszügen als Proviant diente. Ursprünglich eine Mischung aus Büffelfleisch, Traubenkirschen und Talg, aß man es pur in kleinen Portionen oder verarbeitete es zu Brei oder Suppe. An Alkohol trank man ein kohlensäurearmes Bier aus Wurzeln. Der Kontakt zu den weißen Siedlern führte zur Vermischung der Kochgewohnheiten. Übrig geblieben sind u.a. die Methode der Choctaw, Eintöpfe mit den pulverisierten Blättern des Sassafrasbaumes einzudicken, und *Succotash* oder *Maquechoux* sind nach wie

vor beliebt als Beilagen zu Fleisch und Fisch oder als vegetarische Hauptgerichte mit Reis.

Ein Grundnahrungsmittel war der Mais, in vielen indianischen Kulturen Symbol für Leben und Fruchtbarkeit. Beim Grünmaisfest wurde das Sprießen der jungen Pflanzen gefeiert, die Creek reinigten für das *Boskita* die Häuser, zündeten neue Feuer an und gingen von Haus zu Haus, um alte Unstimmigkeiten zu bereinigen.

Zur Zubereitung von *Hominy* werden Maiskörner mit Holzasche eingeweicht, bis sie zu einem dicken Brei quellen, den man zu Saucen weiterverarbeitet oder trocknet und zu Brotmehl vermahlt. Maisbrot gibt es in vielen Varianten, häufig mit Beeren oder Gemüse bzw. Süßkartoffeln verfeinert. Als Delikatesse galten die wilden Frühjahrszwiebeln. Noch bis in die 1950er Jahre veranstalteten die Muskogee ein *Wild Onion Dinner* mit Wildzwiebelomelette und Sassafrastee, Maisbrot und Huckleberry-Kuchen.

Neben wildem Honig benutzten die Indianer zum Süßen Baumsirup. Sie zapften die Bäume an und legten zum Eindicken und zum Haltbarmachen glühende Steine in den Saft. Heute kennt man nur noch den aus Kanada und dem Nordosten der USA stammende Ahornsirup.

Über die Entstehung der Pflanzen- und Tierwelt erzählen die Cherokee u.a. die Geschichte von der Erdbeere: Eine Frau verließ ihren streitsüchtigen Ehemann, um nach Osten ins Land der Sonne zu gehen. Der verzweifelte Mann bat darauf die Sonne, seine Frau zur Rückkehr zu bewegen. Da ließ die Sonne auf dem Weg der Frau saftige Heidelbeeren wachsen, doch die Frau ging einfach weiter. Sie versuchte es mit Brombeeren, dann mit Felsenmispeln, doch die Frau ging einfach weiter. Schließlich ließ sie rund um die Frau leuchtend rote Erdbeeren sprießen. Vom Duft angelockt, probierte die Frau davon und wandte sich im selben Augenblick nach Westen. Sie erinnerte sich an ihren Mann und bemerkte, dass sie ihn vermisste.

Wenn nicht anders angegeben, ergeben die Gerichte jeweils 4 Portionen.

Pessimin Salad with Seafood
Persimonensalat mit Meeresfrüchten

300 g Meeresfrüchte nach Wahl in
mundgerechten Stücken
1 Frühlingszwiebel in feinen Scheiben
Saft und Schale einer unbehandelten Limette
Saft einer Zitrone
3 EL Sonnenblumenöl
Salz, Pfeffer, frisch gemahlen
Cayenne
8 Dattelpflaumen oder 4 fast reife Kakis
4 Kaktusfeigen, geschält

Die Meeresfrüchte mit der Frühlingszwiebel im Limetten- und Zitronensaft etwa 30 Minuten ziehen lassen. Sonnenblumenöl, Salz, Pfeffer und Cayenne einrühren. Persimonen oder Kakis und Kaktusfeigen in mundgerechte Stücke schneiden und vorsichtig unter die Meeresfrüchte heben. Mit den Streifen der Limettenschale dekoriert sofort servieren.

Pemmican
Energiehappen der Indianer

Auf Vorrat

800 g mageres Rind- oder Büffelfleisch in dünnen Streifen,
ersatzweise 140 g Räucherschinken
1 EL Salz
100 g getrocknete Traubenkirschen, Weichseln oder Berberitzen
4 EL geschmolzener Rindertalg, ersatzweise Butter

Traditionellerweise wird das Fleisch, in dünne Streifen geschnitten, an der Luft oder über offenem Feuer getrocknet. Weniger aromatisch, aber rascher ist das Trocknen des eingesalzenen Fleisches 8 bis 10 Stunden im Backrohr bei 65 °C.

Das gut getrocknete Fleisch in einem Mörser mit den Kirschen und dem Talg fein zerstoßen. Die Masse zu kleinen Laibchen formen und bis zum Verzehr kühl lagern.

Choctaw Hominy Soup
Maissuppe

225 g trockene Maiskörner
3 EL Holzasche
3 Scheiben geräucherter Bauchspeck, gewürfelt
1 Bund Frühlingszwiebeln, grob gehackt
500 ml Buttermilch
je 1 Prise Salz und schwarzer Pfeffer, frisch gemahlen
1 EL frische Dille, gehackt

Die Maiskörner mit Wasser bedeckt mit der Holzasche so lange kochen, bis sich die Außenhaut von den Körnern löst. Abtropfen lassen. Die Speckwürfel in einem schweren Topf bei Mittelhitze knusprig braten. Das Fett bis auf einen dünnen Film abgießen und die Frühlingszwiebeln darin goldbraun braten. Die Maiskörner hinzufügen und 5 Minuten auf mittlerer Flamme dünsten.
Die Temperatur auf die unterste Stufe reduzieren, die Buttermilch einrühren, Salz und Pfeffer hinzufügen. Die Suppe 5 Minuten auf kleiner Flamme ziehen lassen. Mit Dille bestreut servieren.

Muskogee Wild Onion Bean Cakes
Wildzwiebel-Bohnen-Omelette

1 Dutzend

250 g getrocknete schwarze Bohnen
180 g Maismehl
180 ml Milch oder Wasser
2 Eier
2 TL Salz
2 wilde Zwiebeln oder 2 Frühlingszwiebeln, in feine Ringe geschnitten
2 EL Öl

Bohnen über Nacht in kaltem Wasser einweichen, abspülen und mit frischem Wasser bedeckt bei Mittelhitze etwa 1,5 Stunden weich kochen. Abgießen. In einer großen Schüssel Salz, Milch oder Wasser und Eier verquirlen, Maismehl einrühren, Bohnen und Frühlingszwiebeln hinzufügen. Aus der Masse 12 flache Laibchen formen. In einer schweren Pfanne Öl erhitzen und die Laibchen darin beidseits goldgelb braten.

Mississippi Succotash
Maistopf

3 frische Maiskolben, in 3 cm große Stücke geschnitten
350 g frische Bohnen
30 g Butter
je 1 Prise Salz und weißer Pfeffer, frisch gemahlen
1 Bund Frühlingszwiebeln in Scheiben
1 grüne und 1 rote Paprikaschote, entkernt und gewürfelt

Maiskolben und Bohnen mit Butter, Salz und Pfeffer in einen großen Topf geben und knapp mit Wasser bedecken. Alles zugedeckt bei hoher Temperatur aufkochen, danach auf kleiner Flamme etwa 10 Minuten sanft köcheln.

Frühlingszwiebeln und Paprikaschoten hinzufügen und 6 bis 10 Minuten bei schwacher Hitze weitergaren. Die Bohnen sollen fast weich und die Paprikaschoten knapp gar sein. Bei Bedarf überschüssige Flüssigkeit auf großer Flamme etwas einkochen.

Zur Bereitung von Okra-Succotash ersetzt man die Bohnen durch kleine Okraschoten.

Choctaw Acorn Cakes
Eichelküchlein

1 Dutzend

200 g Eicheln
60 g Weizenvollkornmehl
1,5 TL Holzasche oder Backpulver
2 Prisen Salz
2 EL Butter oder Schweineschmalz
3 EL Milch
Marmelade oder Ahornsirup

Die Eicheln schälen und mit Wasser bedeckt 30 Minuten kochen. Das Wasser abgießen, die Eicheln mit frischem Wasser weitere 30 Minuten kochen. Den Vorgang so lange wiederholen, bis das Wasser nicht mehr bitter schmeckt. Die Eicheln an der Sonne oder im Rohr bei höchstens 65 °C trocknen und grob vermahlen. Das Rohr auf 190 °C vorheizen. Eichelmehl und Weizenmehl mit Holzasche oder Backpulver und Salz vermischen. Butter oder Schmalz einarbeiten und die Milch einrühren. Den Teig messerrückendick ausrollen und Kreise von etwa 4 cm ausstechen. Ein Backblech mit Pergament belegen und die Küchlein 12 bis 15 Minuten goldgelb backen.

Cherokee Reunion Cake
Erdbeerkuchen

8 Portionen

300 g Honig
180 g Butter
450 ml Milch
130 g wilde Trauben, getrocknet und entkernt, ersatzweise Rosinen
1 TL Piment, gemahlen
1 TL Gewürznelken, gemahlen
1 TL Muskatnuss, gemahlen
1 Prise Salz
450 g Weizenmehl
3 TL Holzasche oder Backpulver
120 g Pekannüsse, grob gehackt
350 g Louisiana-Erdbeeren, ersatzweise Wald- oder Monatserdbeeren

Honig und Butter in einer schweren Pfanne bei niedriger Temperatur erwärmen, bis der Honig geschmolzen ist. Mit Milch, Rosinen, Gewürzen und Salz aufkochen. Zum Abkühlen beiseitestellen.
Eine Springform von etwa 24 cm Durchmesser buttern und mit Mehl ausstauben. Das Rohr auf 175 °C vorheizen. Mehl und Backpulver in die abgekühlte Milchmischung sieben und kräftig, aber nicht zu lange durchrühren. Die Nüsse unterheben. Den Kuchen in der gebutterten Springform etwa eine Stunde backen, bis eine Stichprobe keine Teigreste mehr zeigt.
Die Erdbeeren waschen und zum ofenwarmen Kuchen servieren.

Creole Dinner
Aristokratisches Menü

Champagne Creole
Champagnercocktail

Grapefruit Salad
Grapefruitsalat

Artichoke Soup with Oysters
Artischockensuppe mit Austern

Seafood Okra Gumbo
Meeresfrüchteeintopf

Shrimps Creole
Kreolische Garnelen

Pompano en Papillote
Pompano in Pergament

Creole Jambalaya
Kreolisches Jambalaya

Old Fashioned Creole Custard with Ambrosia
Traditionelle kreolische Eiercreme
mit Orangen und frischer Kokosnuss

Pink Creole
Rosa Kreole

Creole Dinner
Aristokratisches Menü

Als Gründer von Louisiana hatten die Franzosen ihre Kultur dort bereits fest etabliert, als die Spanier die Verwaltung übernahmen. Obwohl die Ressentiments gegen die iberischen Eindringlinge zu blutigen Aufständen führten, ließ sich auf Dauer eine Abgrenzung nicht durchhalten. Gerade die Neuankömmlinge prägten die Bezeichnung *criollo* für die in der Kolonie Geborenen. Das französische Wort *creole* bezeichnete die überwiegend französische Abstammung mit einer kräftigen Portion spanischem Blut. Deutsche und irische Traditionen wurden dabei völlig absorbiert, sogar ihre Namen wurden französisiert. So wurde die Familie Zweig zu La Branche, die irischen O'Briens sprach man »Obreeong« aus. Die Bezeichnung *creole* galt bald auch für die schwarzen Sklaven, und einige Familien mit milchkaffeefarbener Haut nennen sich selbst Creoles/ Kreolen. In der Oberschicht war jedoch schon der Verdacht von einigen Tropfen schwarzem Blut anrüchig. *Creole* heißt auch die weiche und bilderreiche Mundart der schwarzen Sklaven, die durch die schwarzen Kindermädchen den Weg in die Oberschicht fand, zumal es wesentlich mehr regionalen Bezug hatte als Französisch.

Der Creole-Haushalt war weitestgehend französisch geprägt, und die Kinder erhielten eine französische Erziehung. Die Söhne verbrachten ihre Schulzeit häufig in Paris, die Töchter kamen in örtlichen Klöstern zu französischen Nonnen. Möbel, Wein und Kleidung, Bücher und Bilder importierte man aus Frankreich. Dazu kam der Einfluss durch eingewanderte Adelige, die vor der Französischen Revolution flüchteten. *La famille* hatte oberste Priorität, und so fütterte der Großhaushalt auch zahlreiche Angehörige oder alte Freunde durch.

Hing der Haussegen schief, brachte der Hausherr einen *Oyster Loaf* mit, den traditionellen Friedensstifter, ein französisches Brot, mit Austern gefüllt.

Jedes Rezept ist für 4 Familienmitglieder berechnet, die Cocktailrezepte ergeben jeweils 1 Glas.

Champagne Creole
Champagnercocktail

3 cl Orangensaft, frisch gepresst
1,5 cl Zitronensaft, frisch gepresst
1 TL Grenadine
6 cl Cognac
12 cl Champagner

Orangensaft, Zitronensaft, Grenadine und Cognac in einem Cocktailshaker auf Eis kräftig schütteln. In ein gekühltes Weinglas abseihen. Den Shaker mit ein wenig Champagner ausspülen, die Flüssigkeit in das Weinglas seihen. Den restlichen Champagner langsam zugießen.
Das langsame Zugießen des Champagners ist wichtig, da die Säure der Zitrusfrüchte die Kohlensäure des Champagners austreibt. Die Flüssigkeit beginnt dadurch stark zu schäumen.

Grapefruit Salad
Grapefruitsalat

2 rosa Grapefruits
1 kleiner Salatkopf
1 Avocado
2 EL Limettensaft
1 Prise Zimt
1 Prise brauner Rohrzucker
1 Prise Muskatnuss, frisch gerieben
100 g Brunnenkresse
150 g Shrimps oder Flusskrebsschwänze

Vinaigrette
4 EL Olivenöl
1 EL Weißweinessig
2 TL Zitronensaft
1 TL Knoblauch, fein gehackt
1 Msp Senfpulver
je 1 Prise Salz und weißer Pfeffer, frisch gemahlen
1 TL Petersilie, fein gehackt

Für die Vinaigrette das Olivenöl mit Essig, Zitrone, Knoblauch, Senfpulver, Salz, Pfeffer und Petersilie kräftig verquirlen und 30 bis 60 Minuten bei Zimmertemperatur ziehen lassen.
Für den Salat die Grapefruit schälen, dabei die innere Haut mit abschälen und die Zwischenhäute trennen. Avocado schälen, in Spalten schneiden und mit Limettensaft beträufeln.
Die Kopfsalatblätter in die Vinaigrette tauchen und auf Vorspeisenteller legen. Grapefruitfilets und Avocadospalten auf den Salatblättern anrichten. Brunnenkresse und Shrimps in der Vinaigrette schwenken und dekorativ auf den Tellern arrangieren. Dazu serviert man ofenwarmes Baguette.

Artichoke Soup with Oysters
Artischockensuppe mit Austern

2 kleine Artischocken
1 Dutzend Austern ohne Schale
1 großes Lorbeerblatt
2 EL Butter
4 Frühlingszwiebeln, gehackt
2 Knoblauchzehen, gehackt
4 EL Weizenmehl
1 Prise Thymian
je 1 Prise Salz und weißer Pfeffer, frisch gemahlen
2 EL Zitronensaft
1 EL Petersilie, gehackt

Die Artischocken in Salzwasser etwa 25 Minuten weich kochen. Die Blätter abzupfen, die Böden in Scheiben schneiden.
1 Liter Wasser in einem Topf aufkochen, die Austern mit ihrem Saft und das Lorbeerblatt hinzufügen und 20 Minuten sanft köcheln.
Die Butter in einer sehr großen Pfanne zerlassen. Frühlingszwiebeln und Knoblauch 3 Minuten sautieren. Mit Mehl stauben. Die Austernsuppe unter kräftigem Rühren zugießen und Austern hinzufügen. Auf mittlerer Flamme weiterrühren, bis die Suppe sämig wird. 4 Austern aus der Suppe nehmen, fein hacken und wieder beifügen. Die gekochten Artischockenböden in die Suppe geben. Mit Thymian, Salz, Pfeffer und Zitronensaft abschmecken und weitere 10 Minuten bei geringer Hitze ziehen lassen. Mit Petersilie bestreut und frischem Weißbrot servieren.

Seafood Okra Gumbo
Meeresfrüchteeintopf

60 ml Öl
30 g Weizenmehl
3 große Zwiebeln, gehackt
3 grüne Paprikaschoten, entkernt und gehackt
3 Stangen Sellerie, gehackt
8 Knoblauchzehen, gehackt
2 Chilischoten, entkernt und gehackt
1 Prise Thymian
1 Prise Oregano
1 Prise Basilikum
3 Lorbeerblätter
Salz, schwarzer Pfeffer, frisch gemahlen
1500 ml Fischsuppe oder Wasser
225 g kleine Krebse ohne Rückenpanzer und Lunge, halbiert
150 g Andouille (ersatzweise andere würzige Räucherwurst)
150 g Okraschoten in Scheiben
200 g Garnelen, geschält
12 Austern ohne Schale (ersatzweise andere Muscheln)

Das Öl in einem großen Topf sehr heiß werden lassen. Das Mehl einrühren und unter stetigem Rühren rotbraun rösten. Zwiebel hinzufügen und etwa 1 Minute anschwitzen. Sellerie und Paprikaschoten dazugeben und 1 weitere Minute dünsten. Knoblauch, Chili, Thymian, Oregano, Basilikum und Lorbeer zum Gemüse geben. Mit Salz und Pfeffer abschmecken.
Die Fischsuppe unter ständigem Rühren zugießen. Krebse, Wurst und Okra in den Topf geben und das Gumbo bei kleiner Hitze 1 Stunde köcheln. Gelegentlich abschöpfen. Die Garnelen hinzufügen und 10 Minuten mitköcheln. Zuletzt die Austern einlegen und das Gumbo aufwallen lassen. In tiefen Tellern auf Reis servieren.
Wie alle Eintöpfe wird das Gumbo umso besser, je größer die zubereitete Menge ist. Ein Aufwärmen der Basis ist möglich, Meeresfrüchte allerdings nur frisch dazugeben.
Fischsuppe lässt sich leicht und rasch herstellen, indem man Fischgräten mit Schalotten, Sellerie, Petersilie, Lorbeer, Thymian, Pfefferkörnern, Senfkörnern, Salz, Wasser und etwas Wein 15 Minuten köchelt.

Shrimp Creole
Kreolische Garnelen

1000 g frische Garnelen ohne Schale und Darm
1 EL Öl
1 EL Weizenmehl
5 Schalotten, fein gehackt
1 kleine grüne Paprikaschote, fein gehackt
1 Stange Sellerie, fein gehackt
2 Knoblauchzehen, fein gehackt
3 EL Petersilie, fein gehackt
3 Fleischtomaten, geschält, entkernt und fein gehackt
100 ml trockener Rotwein
1 Lorbeerblatt
1 TL Thymian
1 Prise Basilikum
1 Prise Estragon
4 TL Zitronensaft
je 1 Prise Salz, schwarzer und weißer Pfeffer, frisch gemahlen
1 Prise Cayenne

Das Öl in einem schweren Topf erhitzen, das Mehl einrühren und unter stetigem Rühren zu einer mittelbraunen Roux rösten. Schalotten, Paprikaschote, Sellerie und Knoblauch mitrösten, bis das Gemüse zu bräunen beginnt. Die Petesilie kurz mitbraten. Tomaten, Wein, Lorbeer, Thymian, Estragon und Zitronensaft hinzufügen. Mit Salz, Pfeffer und Cayenne abschmecken. 30 Minuten sanft kochen, bis die Sauce sämig wird. Die Hitze erhöhen, die Garnelen hinzufügen und die Sauce aufkochen. Bei Bedarf etwas Wasser zugießen. Den Topf zudecken und auf schwacher Flamme 20 Minuten ziehen lassen. Mit Reis servieren.
Diese Zubereitungsart eignet sich auch hervorragend für Alligator, Flusskrebsschwänze und Huhn.

Pompano en Papillote
Pompano in Pergament

8 Pompano-Filets (ersatzweise Red Snapper, Heilbutt, Forelle)
4 Backpergamentscheiben mit 30 cm Durchmesser
5 EL Butter, 1 EL Mehl
1 Knoblauchzehe nach Belieben
1 EL Schalotten, feinst gehackt
1 EL Frühlingszwiebeln, fein gehackt
1 EL Petersilie, fein gehackt
250 ml Champagner oder trockener Weißwein
250 ml Obers
je 1 Prise Salz, weißer Pfeffer und Cayenne, frisch gemahlen
16 mittelgroße Garnelen ohne Schale und Darm
12 Austern ohne Schale
150 g Krebsfleisch

Die Butter in einer großen schweren Pfanne schmelzen. Das Pergament mit 4 EL Butter fetten. In die restliche Butter das Mehl einrühren und 2 Minuten anschwitzen. Knoblauch, Schalotten, Frühlingszwiebel und Petersilie 5 Minuten mitdünsten. Die Pfanne vom Herd nehmen. Champagner/Weißwein zugießen. Mit Salz, Pfeffer und Cayenne würzen. Die Sauce wieder erhitzen und kurz einkochen lassen, um die Säure des Weins zu neutralisieren. Obers, Garnelen, Austern und Krebsfleisch hinzufügen und etwa 5 Minuten sanft köcheln. Die Sauce sollte eine samtige Konsistenz aufweisen. Ist die Sauce noch sehr dünn oder der Geschmack unharmonisch, werden 2 Dotter eingerührt. Diese Mischung nicht mehr kochen.
Das Backrohr auf 180 °C vorheizen. Die Pergamentblätter mit der gebutterten Seite nach innen in der Mitte falten und flach auf den Tisch legen. Die untere Hälfte zu einer kleinen dichten Wanne falzen. Die Hälfte der Sauce in den Wannen verteilen. Die Fischfilets darauflegen und mit der restlichen Sauce bedecken. Die oberen Pergamenthälften als Deckel hinunterklappen und die Ränder sorgfältig zusammenfalten. 18 bis 20 Minuten backen, bis sich die Pergamenthüllen aufblähen und leicht braun werden. Pergamenthüllen bei Tisch an der Oberseite aufschlitzen und den Duft genießen. Dann eine Seite der Wanne umklappen und den Fisch samt Sauce auf den Teller gleiten lassen. Mit Reis oder Butterkartoffeln und Blattsalaten servieren.
Die Sparversion dieses Gerichtes ersetzt die Meeresfrüchte durch 250 g blättrig geschnittene Champignons und 2 EL Limettensaft.

Creole Jambalaya
Kreolisches Jambalaya

2 EL Butter oder Öl
2 Zwiebeln, gehackt
1 grüne Paprikaschote, gehackt
1 Stange Sellerie, gehackt, oder 1 Bund Frühlingszwiebeln, gehackt
2 Knoblauchzehen, gehackt
2 EL Petersilie, gehackt
250 g mageres Schweinefleisch, klein gewürfelt
250 g Räucherschinken, klein gewürfelt
250 g Chaurice (ersatzweise geräucherte Knoblauchwurst)
450 g Fleischtomaten, geschält, entkernt und gewürfelt (optional)
2 TL Salz
schwarzer Pfeffer, frisch gemahlen
1 Prise Chilipulver
2 Lorbeerblätter
1 Prise Thymian
1 Prise Gewürznelken, gemahlen
325 g Langkornreis
450–750 ml gute Rindsuppe

Butter in einem großen Topf erhitzen. Zwiebeln, Paprikaschote und Sellerie oder Frühlingszwiebeln darin etwa 10 Minuten anbraten. Knoblauch, Petersilie, Fleisch, Schinken und Wurst etwa 5 Minuten mitbraten. Nach Wunsch Tomaten hinzufügen. Mit Salz, Pfeffer, Chili, Lorbeer, Thymian und Nelken würzen. Den Reis einrühren und 3 Minuten mitbraten. Die Suppe zugießen – etwa 450 ml, wenn Tomaten mitverwendet werden, ansonsten 750 ml. Gut durchrühren und zugedeckt etwa 40 Minuten dünsten. Hin und wieder umrühren. Während der letzten 10 Minuten den Topf abdecken und den Reis ausdampfen lassen.
Die Verwendung von Tomaten zum Jambalaya ist reine Geschmackssache und hängt nicht zuletzt von den verwendeten Fleischsorten ab. Je nach Fleischsorte kommen zu Thymian z.B. bei Huhn Basilikum oder bei Austern Rosmarin sparsam hinzu. Zusätzlich oder als Ersatz für das Schweinefleisch und den Schinken verträgt ein Jambalaya alle anderen Fleischsorten und Meeresfrüchte.

Old Fashioned Creole Custard with Ambrosia
Traditionelle kreolische Eiercreme mit Orangen und frischer Kokosnuss

330 g Zucker
2 EL Butter
4 Eier
250 ml Milch
250 ml Obers
1 TL Vanilleessenz
1 Prise Muskatnuss, frisch gerieben
2 sehr gute Orangen, geschält, in dünnen Scheiben
50 g Kokosnuss, frisch geraspelt
70 g Staubzucker

Für die Karamellsauce 220 g Zucker in einer kleinen Pfanne bei schwacher Hitze schmelzen. Die Pfanne hin und wieder rütteln. Sobald der Zucker zu bräunen beginnt, vorsichtig knapp 250 ml kochendes Wasser zugießen. Vom Feuer nehmen und kräftig rühren, bis ein homogener Sirup entsteht. Das Backrohr auf 180 °C vorheizen. 4 feuerfeste Förmchen mit den 2 EL Butter fetten. In jedes Förmchen 2 EL der Karamellsauce gießen.
Für die Creme die Eier mit dem restlichen Zucker schaumig rühren. Die Milch mit dem Obers kurz aufkochen und in einem dünnen Strahl in die Eiermischung rühren. Vanille hinzufügen. Die Creme in die Förmchen gießen. Muskat darüberraspeln.
Eine tiefe Wanne so hoch mit heißem Wasser füllen, dass die Förmchen bis zur halben Höhe im Wasser stehen. Die Förmchen in dieser Wanne 25–30 Minuten backen, bis eine Stichprobe in die Mitte des Flans keine Reste mehr zeigt. Die Förmchen auskühlen lassen, danach mindestens 1 Stunde im Kühlschrank durchkühlen. Mit einem schmalen scharfen Messer zwischen Förmchen und Creme entlangfahren, einen Dessertteller auflegen, Förmchen und Teller fest zusammenhalten und rasch stürzen. Auf dem Schenkel aufklopfen und den Flan herausgleiten lassen. Die übriggebliebene Karamellsauce darübergießen.
Für das Ambrosia die Orangenscheiben in eine flache Schale legen, mit Staubzucker bestäuben, mit Kokos bestreuen. Den Vorgang wiederholen, bis alle Zutaten aufgebraucht sind. Gut 1 Stunde im Kühlschrank durchziehen lassen. Das Ambrosia dekorativ um den Flan anordnen.
Ambrosia ist ein sehr einfaches Gericht und lebt von der Qualität der Zutaten, insbesondere von den aromatischen Orangen aus Louisiana.

Pink Creole
Rosa Kreole

4 cl weißer Rum
1 cl Obers
2 Schuss Limettensaft
1 Schuss Grenadine

Alle Zutaten im Cocktailshaker auf Eis gut schütteln. In eine Cocktailschale abseihen.

The Wonderful Soupstone
Die Küche der armen Leute

Attenuated Absinth
Absinthlikör

Hush Puppies
Maismehlkrapfen

Peanut Soup
Erdnusssuppe

Red Beans 'n' Rice
Rotes Bohnenragoût mit Reis

Gumbo Z'Herbes
Fastengumbo

Dirty Rice
Schmutziger Reis

New Orleans Bread Pudding with Pecans
Weißbrotauflauf mit Pekannüssen

Sweet Potato Pie
Süßkartoffelkuchen

The Wonderful Soupstone
Die Küche der armen Leute

Armut ist in New Orleans und Louisiana seit Jahrhunderten ein Problem, immer wieder durch Millionen von Einwanderern verschärft, die mit zahlreichen Familienmitgliedern in winzigen Behausungen leben. Besonders die Cajuns mit ihren vielen Kindern mussten haushalten. Das Klima und die reiche Natur erleichterten das Schicksal der Landbevölkerung. Früh lernten die Kinder, Fallen zu stellen und Meeresfrüchte zu fangen. Aus Eichhörnchen, Fröschen, Schildkröten und Alligatoren wussten die Frauen köstliche Gerichte zu kochen. Aus der Not entstanden Klassiker wie *Red Beans 'n' Rice* (ein würzig-cremiges Ragoût aus roten Bohnen mit Reis, das als Armengericht sprichwörtlich wurde: »*We are on the red and white.*«(Bei uns gibt's nur noch Rot und Weiß.) Eiweißreiche Hülsenfrüchte oder Erdnüsse mussten häufig das teure Fleisch ersetzen.
Gumbo Z'Herbes ist eigentlich ein Fastengericht zum Gründonnerstag. Heute wird es meist mit Fleisch zubereitet. Man sagt, man finde ebenso viele neue Freunde, wie Blattgemüsesorten im Gumbo seien. Fünf Sorten sollten es zumindest sein, sieben bringen wegen der magischen Zahl vermutlich mehr Glück. Zum kräftigen Snack mit verschiedenen Saucen und als sättigende Beilage dienen *Hush Puppies* (Maismehlkrapfen). Über den Namen, wörtlich übersetzt: »Still, Welpen!«, heißt es in den Südstaaten, diese Krapfen hätten die Hunde im Bürgerkrieg davon abgehalten, durch Gebell ein Versteck zu verraten.
Frisches Weißbrot kommt täglich auf den Tisch. Altbackenes Brot fällt daher regelmäßig an. Eine beliebte Resteverwertung ist der *Bread Pudding*, der den Weg auf die vornehmsten Tafeln gefunden hat.
Armut und Alkohol sind oft Geschwister. Lange Zeit war der halluzinogene und abhängig machende Absinth das Modegetränk, wurde jedoch wegen seiner Nebenwirkungen Anfang des 20. Jahrhunderts verboten. Aus wild wachsendem Wermutkraut und Anis lässt sich allerdings eine preisgünstige und ungefährliche Version davon herstellen.
Die Rezepte sättigen jeweils 4 arme Schlucker – in unseren Breiten muss man für einige Gerichte allerdings ein wenig tiefer in die Tasche greifen.

Attenuated Absinth
Absinthlikör

1 l Weingeist
2 Zweige Wermut
20 Anissamen
80 g Kandiszucker

Alle Zutaten in eine große Flasche füllen und 10 Tage bei Zimmertemperatur ziehen lassen. Abseihen und mit Wasser verdünnt servieren. Eine mildere Variante, geschmacklich jedoch weniger authentisch, erhält man, indem man Wermutkraut und Samen in mildem Weißwein 2 Tage ansetzt.

Hush Puppies
Maismehlkrapfen

ca. 30 Stück

200 ml Buttermilch
2 Eier, leicht verquirlt
1 sehr kleine Knoblauchzehe, sehr fein gehackt
1 Schalotte, feinst gehackt
75 g Weizenmehl
150 g feines Maismehl
1 Prise Backpulver
1 Prise Oregano
1 Prise Thymian
je 1 Prise Salz, schwarzer Pfeffer und Cayenne, frisch gemahlen
Öl zum Frittieren

Die Buttermilch mit den Eiern gut vermengen, Knoblauch und Schalotte einrühren. Das Maismehl mit dem Weizenmehl, Backpulver, Oregano, Thymian, Salz, Pfeffer und Cayenne in einer großen Schüssel vermischen. Die Buttermilch rasch einrühren. Bei Bedarf etwas Milch zugeben.
Das Öl in einer schweren Pfanne erhitzen und die Krapfen portionsweise darin goldgelb backen. Nicht zu viele Puppies auf einmal frittieren, sonst kühlt das Öl ab, und die Krapfen saugen sich mit Fett voll. Die fertigen Hush Puppies auf Küchenpapier abtropfen lassen. Mit scharfen Saucen zum Naschen servieren oder als Beilage zu einem Gemüseeintopf reichen.

Peanut Soup
Erdnusssuppe

2 EL Butter
2 EL Weizenmehl
1 Stange Sellerie, gehackt
1 Schalotte, fein gehackt
750 ml Hühnersuppe
120 g Erdnussbutter
2 TL Zitronensaft
2 EL Sherry
je 1 Prise Salz und Cayenne
2 EL Erdnüsse, geröstet und gehackt
1 Frühlingszwiebel, in feine Röllchen geschnitten

Die Butter in einem schweren Topf schmelzen. Das Mehl einrühren und zu einer hellen Roux rösten. Sellerie und Schalotte hinzufügen und etwa 5 Minuten dünsten.
Unter ständigem Rühren die Hühnersuppe zugießen. Den Topf zudecken und die Suppe 30 Minuten kochen lassen. Die Suppe abseihen, das Gemüse gut im Sieb ausdrücken und wegwerfen. Erdnussbutter, Zitronensaft und Sherry einrühren. Mit Salz und Cayenne abschmecken. Die Suppe nochmals erwärmen und mit Frühlingszwiebelröllchen bestreut servieren.

Red Beans 'n' Rice
Rotes Bohnenragoût mit Reis

250 g rote Kidneybohnen
4 EL Butter
1 Zwiebel, gehackt
1 grüne Paprikaschote, entkernt und gehackt
2 Stangen Sellerie, gehackt
1 Knoblauchzehe, gehackt
300 g Räucherschinken, gewürfelt
1 kleine geräucherte Schweinshaxe oder 250 g grobe Räucherwurst, gewürfelt
1 Schinkenknochen, in 5 cm große Stücke zersägt
1 EL Petersilie, gehackt

1 Lorbeerblatt
1 kräftige Prise Thymian
1 Prise Basilikum
1 Prise Chiliflocken
je 1 Prise Salz, schwarzer Pfeffer und Cayenne, frisch gemahlen
500 g Langkornreis, gekocht
2 Frühlingszwiebeln, gehackt

Die Bohnen über Nacht in kaltem Wasser einweichen. Am nächsten Tag abseihen und in einem großen Topf mit 1 Liter frischem Wasser aufkochen. Die Butter in einer großen Pfanne schmelzen. Zwiebel, Paprika, Sellerie und Knoblauch mit dem Schinken und der Schweinshaxe anbraten, bis die Zutaten leicht gebräunt sind. Zu den Bohnen geben. Petersilie, Lorbeer, Thymian, Basilikum, Chiliflocken, Salz, Pfeffer und Cayenne hinzufügen. Bei geringer Hitze 2 bis 3 Stunden zugedeckt sanft köcheln. Ab und zu umrühren, bei Bedarf Wasser nachgießen. Das Ragoût soll cremig sein. Zum Servieren kommt jeweils ein Schöpfer Ragoût auf Reis in tiefe Teller. Mit Frühlingszwiebeln bestreuen.

Gumbo Z'Herbes
Fastengumbo

200 g frischer Blattspinat
100 g Mangold
100 g junger Kohl
100 g Romanasalat
50 g Chicoree
50 g Rucola
50g Karottengrün
100 ml Öl
80 g Weizenmehl
6 Schalotten, gehackt
1 Prise Oregano
1 Prise Thymian
1 Prise Muskatnuss, frisch gemahlen
je 1 Prise Salz, schwarzer Pfeffer und Cayenne, frisch gemahlen

Das Blattgemüse in einem Gemüsesieb über Dampf 3 Minuten garen, sehr bittere Sorten in Salzwasser 1 Minute blanchieren und abtropfen las-

sen. Die Blätter grob hacken. Die Garflüssigkeit aufheben. Das Öl mit dem Mehl in einem schweren Topf erhitzen und eine goldbraune Roux rösten. Die Schalotten hinzufügen und glasig dünsten. Das Blattgemüse, Oregano, Thymian und Muskat hinzufügen. Mit Salz, Pfeffer und Cayenne abschmecken. Das Ragoût 30 Minuten sanft köcheln. Bei Bedarf etwas von der Gemüsegarflüssigkeit nachgießen. Mit Reis servieren.
Die Gemüsesorten in diesem Rezept sind dem Marktangebot Mitteleuropas angepasst. Sehr fein wird das Ragoût auch mit Brunnenkresse, Bärlauch und Löwenzahn. In Louisiana verwendet man gerne die Blätter von Senf, Melde, Rüben und Radieschen. Kennern von Wildpflanzen seien Huflattich, Guter Heinrich, Distelblätter, Wiesenbärenklau, Barbarakraut, Portulak und Brennnesseln empfohlen.

Dirty Rice
Schmutziger Reis

4 Portionen als Hauptspeise, 8 Portionen als Beilage

350 g Hühnermägen, geputzt
1 Lorbeerblatt
5 Pfefferkörner
250 g Langkornreis
1 TL Salz
1 TL Butter
3 EL Öl
450 g Schweineleber, fein gewürfelt, oder 500 g Faschiertes
1 Zwiebel, gehackt
1 kleine grüne Paprikaschote, gehackt
1 kleine Stange Sellerie, gehackt
1 Knoblauchzehe, gehackt
1 EL Petersilie, gehackt
1 Prise Majoran
je 1 Prise Salz, schwarzer Pfeffer und Cayenne, frisch gemahlen

Die Hühnermägen in Salzwasser mit Lorbeer sowie Pfefferkörnern etwa 1 Stunde weich kochen. Die Kochflüssigkeit abseihen und aufheben. Die Mägen nach dem Garen fein hacken.
Den Reis mit Salz, Butter und 500 ml Wasser nach der Anleitung im Zutatenkapitel zu Beginn des Buches garen.

Das Öl in einer großen schweren Pfanne erhitzen. Hühnermägen und Leber bzw. das Faschierte 5 Minuten anbraten. Zwiebel, Paprikaschote, Sellerie und Knoblauch hinzufügen und etwa 6 Minuten weiterbraten, bis die Gemüse braun zu werden beginnen. Mit Petersilie, Majoran, Salz, Pfeffer und Cayenne abschmecken.
Etwas von der Hühnerkochflüssigkeit zugießen und den Bratensatz lösen. Mit dem Reis vemischt sofort servieren. Als preisgünstige Hauptspeise mit Salat oder als Beilage zu Geflügel und Fleisch sehr beliebt. Reste eignen sich gut zum Füllen von Gemüse.

New Orleans Bread Pudding with Pecans
Weißbrotauflauf mit Pekannüssen

4 EL Butter, geschmolzen
8 Scheiben altbackenes Weißbrot
8 Eier
250–300 ml Milch
100–150 ml Obers
5 EL Ahornsirup
1 Prise Zimt
3 EL Pekannüsse, gehackt
5 EL brauner Rohrzucker
2 EL Butter in Flöckchen

Eine große Backform mit Butter ausstreichen und die Brotscheiben hineinschichten.
Eier, Milch, Obers, Ahornsirup und Zimt mit einer Schneerute verquirlen und über die Brotscheiben gießen. Mindestens 3 Stunden ziehen lassen. Zwischendurch hin und wieder umrühren.
Das Backrohr auf 180 °C vorheizen. Die Pekannüsse und den Zucker über das Brot streuen, die Butterflöckchen gleichmäßig aufsetzen und den Brotpudding etwa 40 Minuten goldbraun backen, bis eine Stichprobe in der Mitte des Puddings keine Masse mehr zeigt. Der Auflauf schmeckt ofenwarm am besten.

Sweet Potato Pie
Süßkartoffelkuchen

6–8 Portionen

Teig
150 g Weizenmehl
1 TL Salz
60 g kalte Butter
60 g kaltes Pflanzenfett
2–3 EL kaltes Wasser

Füllung
Püree aus 2 kleinen gekochten Bataten/Süßkartoffeln
2 Eier, verquirlt
300 ml Milch
60 g brauner Zucker
130 g Zucker
1 Prise Salz
1 Prise Zimt
1 Prise Muskatnuss, frisch gerieben
1 Msp Gewürznelken, gemahlen
2 EL Rum
60 g Butter, zerlassen

Für den Teig das Mehl in einer großen Schüssel mit dem Salz vermischen. Butter und Pflanzenfett mit einer Gabel einarbeiten, bis grobe Streusel entstehen. Löffelweise kaltes Wasser hinzufügen, bis ein weicher Teig entsteht. 1 Stunde im Kühlschrank rasten lassen.
Das Backrohr auf 220 °C vorheizen.
Den Teig auf einem leicht bemehlten Brett ausrollen und eine Pie-Form mit einem Durchmesser von 23 cm damit auslegen.
Für die Füllung die pürierten Bataten mit den übrigen Zutaten glattrühren und in die Backform füllen. In den Ofen stellen. Nach 10 Minuten die Temperatur auf 150 °C reduzieren. Der Kuchen braucht noch 45 bis 60 Minuten Backzeit.

Boucherie & More
Familienfest der Cajuns

Poudre de Perlainpainpain
Cajun-Liebeszauber

Yam Biscuits
Yamküchlein

Boudin noir
Blutwurst

Boudin blanc
Reiswurst

Andouille
Rauchige Knoblauchwurst

Crawfish Étouffée
Flusskrebsragoût

Cajun Filé Gumbo
Cajun-Gumbo

Gator Sauce piquante
Klassisches Alligatorragoût

Oreilles de Cochons
Schweineohren

Sazerac
Whiskeycocktail mit Pernod

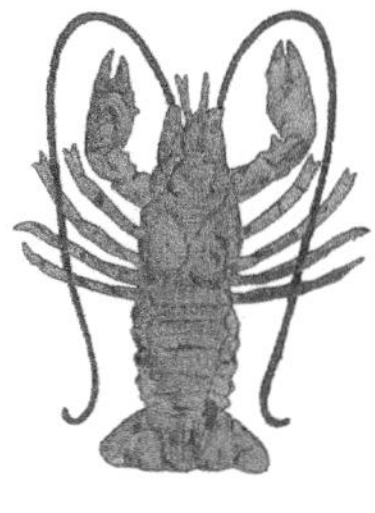

Boucherie & More
Familienfest der Cajuns

Die Cajuns mit ihrer einfachen Lebensweise als Bauern und Fallensteller, ihrem Kinderreichtum und besonders ihrem eigentümlichen Idiom sind oft Zielscheibe liebevollen Spotts. Das hauptsächlich von Normannen und Bretonen abstammende Volk hat die Angewohnheit, viel, rasch und gestenreich zu sprechen, dabei oft ein rhetorisches »Yes?«, »No?« oder »Hein?« zu benutzen und viele Pronomina und Sprichwörter zu gebrauchen. Fällt ihnen das englische Wort nicht ein, dann fallen sie kurz ins Französische, um ebenso unvermittelt Englisch weiterzusprechen.
Lange war es üblich, dass man bereits die vierzehnjährigen Mädchen aufforderte, sich nach einem Ehemann umzusehen. Eine Cajun-Frau über achtzehn hatte kaum noch Heiratschancen. Kein Wunder, dass zahlreiche Rezepturen für Liebeszauber in Umlauf waren, darunter das Zaubermittel *Poudre de Perlainpainpain.*
Zum Feiern mit Musik gab und gibt häufig Anlass. Dabei unterscheiden sich drei Cajun-Musikrichtungen: *Cajun Music*, *Zydeco* und *Swamp Boogie.* Während die *Cajun Music* vorwiegend im Takt des *Two Step Waltz* alte französische Balladen mit Gitarre, Akkordeon, Fiedel und Triangel vertont, mischt der *Zydeco* die *Cajun Dance Music* mit *Rhythm and Blues* sowie afrikanischen und karibischen Klängen. Typische Instrumente sind Akkordeon und Waschbrett. *Swamp Boogie* wiederum ist so etwas wie ländlicher *Rock 'n' Roll* mit Cajun-Elementen. Eine Cajun-Tanzparty heißt *Fais do-do*, Schlafengehen. Eine Cajun-Weisheit besagt nämlich, dass die Kinder besonders gut schlafen, wenn die Eltern die Nacht durchtanzen.
Die kleinen Bauern schlachten und wursten noch selbst nach althergebrachten Rezepten, und ein Schlachtfest mit Familienmitgliedern und Freunden dauert den ganzen Tag. Vor der Schlachtung gibt es das traditionelle Frühstück mit warmen gebutterten Yamküchlein, zum Naschen zwischendurch *Grattons*, kleine gebratene Stücke von der Schweineschwarte. Aus Schweinskopf, Füßen und Schulter wird der *Fromage de Tête de Cochon* (aromatische Sulz in der Art der *Daube glacé*) hergestellt, der Schweinemagen wird mit Faschiertem, Gemüse und Reis gefüllt zu *Chaudin* verarbeitet, in Scheiben geschnitten und warm oder kalt serviert. Seit Jahrhunderten kennt man eine reiche Auswahl an schmack-

haften Würsten: die *Boudin rouge* mit Schweineblut, heute lebensmittelrechtlich nicht mehr frei käuflich, und die *Boudin blanc* mit Reis im Brät. Sehr beliebt als Imbiss, hat die *Boudin blanc* den Beinamen *Cajun Fast Food* erhalten. Für *Gumbos* und *Jambalayas* wird gerne die würzige geräucherte *Andouille* verwendet. In Laplace, der Hauptstadt der Andouille, ist Austerngumbo mit Andouille der absolute Favorit. Beim *Reintier de Cochon* schmort man das Rückgrat des Schweins mit einer kräftigen Roux und Gemüse. Die restlichen Fleischstücke werden gepökelt. Mit Filé, Knoblauch und Cayenne gewürzt und geräuchert, ergeben sie *Tasso*, einen würzigen Schinken. Bei üppigen Cajun-Gelagen sind appetitanregende Aperitifs wie der *Absinthe frappé* und verdauungsfördernde Digestifs wie der *Sazerac* essenzielle Hilfsmittel. Die Rezepte ergeben jeweils 1 Glas. Die Mengenangaben bei den Speisen sättigen 4 Personen oder 2 Cajuns.

Poudre de Perlainpainpain
Cajun-Liebeszauber

17 Distelsamen
Wind
1 Biene
1 Kleeblüte
3 weiße Bohnen
50 g Salz
1 schwarzer Fingerhut

Die Distelsamen an einem windigenTag aus der Luft fangen. Die Samen abrebeln.
Eine Biene von einer nach Norden geneigten Kleeblüte herunterfangen und die Samen am Pollensack der Biene reiben.
Die Bohnen im Salz eingraben und drei Tage lang stehen lassen.
Einen schwarzen Fingerhut voll Salz mit den Bohnen und den Distelsamen sorgfältig vermischen. Ein Kleidungsstück des Auserwählten mit der Mischung einreiben.

Yam Biscuits
Yamküchlein

1 große oder 2 kleine Süßkartoffeln
500 g Weizenmehl
1 EL Backpulver
1 TL Salz
2 TL brauner Rohrzucker
60 g Butter
125 ml Milch

Das Backrohr auf 220 °C aufheizen. Die Süßkartoffeln etwa 1 Stunde weich backen. Nach dem Abkühlen schälen und alle schwarzen Stellen sorgfältig ausschneiden. Die Kartoffeln in Würfel schneiden und mit einer Gabel zu einem glatten Brei zerdrücken.
Das Mehl mit Backpulver, Salz und Zucker in einer großen Schüssel vermischen. Mit Süßkartoffeln und Butter rasch verbröseln. Die Milch nach und nach einrühren. Nicht zu lange mischen, der Teig bleibt unregelmäßig.
Den Teig fingerdick ausrollen und etwa 12 Kekse ausstechen. Auf einem ungefetteten Blech mit 3 cm Abstand 12 bis 15 Minuten backen. Kurz abkühlen lassen und noch warm mit Butter servieren.

Boudin noir
Blutwurst

1 m Naturdarm, geputzt
500 g Bauchspeck in Würfeln
2 Zwiebeln, gehackt
2 Knoblauchzehen, gehackt
400 ml Schweineblut
100 ml Obers
20 g Salz
schwarzer Pfeffer, frisch gemahlen
1 Prise Muskatnuss, frisch gerieben
1 Prise Majoran

Den Darm 1 Stunde in kaltem Wasser einweichen. 10 g Bauchspeck in einer Pfanne auslassen. Die Zwiebeln darin kurz anschwitzen.

Bauchspeck, Zwiebeln, Knoblauch, Blut, Obers sowie die Gewürze mischen. Auf einem Fleischwolf einen trichterförmigen Aufsatz vor der Lochscheibe montieren. Den Darm über den Aufsatz ziehen. Das Brät grob durch den Fleischwolf drehen. Alle 15 cm den Darm abteilen.
Die fertigen Würste sofort 20 Minuten in beinahe kochendem Wasser ziehen lassen. Aufschwimmende Würste anstechen, um ein Platzen zu verhindern. Mit Reis oder cremigem Kartoffelpüree servieren.

Boudin blanc
Reiswurst

1,5 m Naturdarm, geputzt
500 g mageres Schweinefleisch, klein gewürfelt
500 g Schweinespeck, klein gewürfelt
250 ml Obers
2 Zwiebeln, gehackt
1 EL Knoblauch, gehackt
5 EL Petersilie, gehackt
1 Frühlingszwiebel, gehackt
4 TL Salz
je 1 Prise schwarzer Pfeffer und Cayenne, frisch gemahlen
2 Prisen Salbei
2 Prisen Thymian
2 Prisen Lorbeer
1 Prise Muskatblüte
1 Prise Piment
500 g Hühnerfleisch, gekocht und gehackt
750 g weißer Reis, gekocht

Den Darm 1 Stunde in kaltem Wasser einweichen.
In einer schweren Pfanne Fleisch und Speck mit Obers, Zwiebel, Knoblauch, Petersilie, Frühlingszwiebel und den Gewürzen mit etwa 80 ml Wasser 10 Minuten unter Rühren kochen. Das Hühnerfleisch und den gekochten Reis hinzufügen. Die Flüssigkeit verdampfen lassen. Etwa 10 Minuten auskühlen lassen. Dann wie bei der *Boudin noir* verfahren.
Die Wurst in einer großen Pfanne mit einigen Esslöffeln Wasser etwa 20 Minuten erhitzen. Sobald die Haut platzt, häufig umrühren und den Bratensatz vom Pfannenboden kratzen. Die Wursthaut an den Pfannenrand schieben. Die halb flüssige Masse auf vorgewärmten Tellern servieren.

Andouille
Rauchige Knoblauchwurst

1,5 m Naturdarm, geputzt
2 kg mageres Schweinefleisch, grob gehackt
1 kg Schweinespeck, grob gehackt
6 Knoblauchzehen, gehackt
2 EL Salz
schwarzer Pfeffer, frisch gemahlen
Cayenne
1 TL Paprikapulver
2 Prisen Thymian
1 Prise Lorbeer
1 Prise Salbei
1 Prise Chilipulver
1 Prise Muskatblüte
1 Prise Piment
5 TL Raucharoma

Den Darm 1 Stunde in kaltem Wasser einweichen.
Das Fleisch mit den übrigen Zutaten vermischen. Dann wie bei der *Boudin noir* verfahren.
Die fertige Wurst entweder grillen oder als würzige Beigabe zu Gumbos und Bohnengerichten verwenden.

Crawfish Étouffée
Flusskrebsragoût

6 EL Butter
60 g Weizenmehl
1 Zwiebel, gehackt
1 Selleriestange, gehackt
1 grüne Paprikaschote, gehackt
2 Knoblauchzehen, gehackt
800–1000 g Flusskrebsschwänze, geschält
750 ml Hühnersuppe oder Wasser
2 EL Worcestershiresauce
1 EL Petersilie, gehackt
1 Lorbeerblatt
1 Prise Thymian
1 Prise Cayenne
1 Prise Kreuzkümmel
je 1 Prise Salz und schwarzer Pfeffer, frisch gemahlen
1 EL Zitronensaft
300 ml Obers nach Wunsch (optional)
1 Frühlingszwiebel in Röllchen

Die Butter in einem sehr großen, schweren Topf schmelzen. Das Mehl einrühren und zu einer mittelbraunen Roux rösten. Zwiebel, Sellerie, Paprikaschote und Knoblauch hinzufügen. Das Gemüse unter gelegentlichem Rühren etwa 20 Minuten weich und glasig dünsten.
Die Flusskrebsschwänze, Hühnersuppe, Worcestershiresauce, Petersilie, Lorbeer, Thymian, Cayenne und Kreuzkümmel hinzufügen. Etwa 12 Minuten sanft köcheln, bis die Flusskrebse weich sind.
Mit Salz, Pfeffer und Zitronensaft abschmecken. Nach Wunsch Obers hinzufügen und nochmals erhitzen, ohne zu kochen. Mit Frühlingszwiebeln bestreut auf Reis servieren.
Étouffées kann man aus allen Arten von Meeresfrüchten und so gut wie allen Fleischsorten herstellen.

Cajun Filé Gumbo
Cajun-Gumbo

500 g Schweinefleisch in Würfeln
6 EL Pflanzenöl
4 EL Weizenmehl
2 geräucherte Würste in Scheiben
2 Scheiben gekochter Schinken in Würfeln
1 große Zwiebel, gehackt
1 grüne Paprikaschote, gehackt
2 Frühlingszwiebeln, gehackt
2 Stangen Sellerie, gehackt
1 Knoblauchzehe, gehackt
Petersilie, gehackt
4 EL einer Mischung aus Thymian, Majoran,
gemahlenem Lorbeer, Cayenne,
weißem und schwarzem Pfeffer
3 EL Filépulver

Das Rohr auf 175 °C vorheizen. Die Fleischwürfel im Öl in einem schweren Topf von allen Seiten scharf anbraten. Das Fleisch aus dem Topf nehmen und im Rohr warm halten. In das verbliebene Öl portionsweise das Mehl einrühren und goldbraun rösten.
Wurst, Schinken und Gemüse hinzufügen. 10 Minuten weiterrösten, dann 1 Liter kaltes Wasser zugießen. Nach dem Aufkochen das Fleisch und die Gewürze hinzufügen. Die Mischung gut 1 Stunde auf kleiner Flamme kochen lassen, bis das Fleisch gar ist. Den Topf vom Feuer nehmen, kurz stehen lassen, danach das Filépulver einrühren. Das Gumbo 5 Minuten rasten lassen. Mit Reis servieren.
Für ein Austerngumbo das Schweinefleisch durch 2 Dutzend Austern ersetzen, die 20 Minuten vor Ende der Garzeit mitsamt ihrem Saft in die Sauce gelegt werden.

Gator Sauce piquante
Klassisches Alligatorragoût

1 kg Alligator (ersatzweise Kalb, Huhn oder Hummer) in Würfeln
3 EL Öl
1 EL Weizenmehl
3 Schalotten, fein gehackt
1 Stange Sellerie, fein gehackt
1 kleine grüne Paprikaschote, fein gehackt
1 Knoblauchzehe, fein gehackt
1 Frühlingszwiebel, gehackt
2 Fleischtomaten, geschält, entkernt und fein gehackt
1 EL Tomatenmark
3 Petersilienstängel
6 Pimentkörner
2 Gewürznelken
2 Lorbeerblätter
1 kleines Stück unbehandelte Zitronenschale
1 Prise Chiliflocken
1 Prise Muskatblüte, gemahlen
1 Prise Basilikum
1 Prise Thymian
je 1 Prise Salz, schwarzer und weißer Pfeffer, Cayenne, frisch gemahlen
3 EL Petersilie, fein gehackt

1 EL Öl in einem schweren Topf stark erhitzen, das Mehl rasch einrühren und goldbraun rösten. Schalotten, Sellerie, Paprikaschote und Knoblauch etwa 5 Minuten zartbraun braten. Frühlingszwiebel, Tomaten, Tomatenmark, Petersilienstängel und etwas Wasser hinzufügen. Salz und die restlichen Gewürze hinzugeben. 45 Minuten bei schwacher Hitze kochen, bis eine cremige Sauce entsteht.
In der Zwischenzeit das restliche Öl in einer großen Pfanne erhitzen und das Alligatorfleisch portionsweise von allen Seiten kräftig anbraten. Das Fleisch in die Sauce geben und 20 Minuten bei linder Hitze schmoren.
Den Topf vom Herd nehmen, die Petersilienstängel entfernen und das Ragoût 10 Minuten zugedeckt ziehen lassen. In tiefen Tellern auf gekochtem Reis mit Petersilie bestreut servieren.

Oreilles de Cochons
Schweineohren

125 ml Sauerrahm
4 EL Butter
3 Dotter, 1 Ei
1 großes Gläschen Rum
500 g Weizenmehl
1 EL Zucker
2 TL Backpulver
Öl zum Herausbacken
120 ml Zuckerrohr- oder Ahornsirup
100 g Pekannüsse, gehackt

Rahm, Butter, Dotter, Ei und Rum vermengen. Das Mehl mit Zucker und Backpulver sieben und mit der Rahm-Mischung 30 Minuten kneten. Einige Minuten mit dem Nudelholz schlagen.
Den Teig dünn ausrollen und in 6 bis 8 cm große Rauten schneiden. In der Mitte einschneiden und eine Ecke durch den Schlitz ziehen. In Öl goldbraun backen. Die Schweineohren auf Küchenpapier abtropfen lassen.
Den Sirup in einer Pfanne erhitzen, bis ein Tropfen in kaltem Wasser zu einem weichen Ball erstarrt (238 °C). Die abgekühlten Schweinsohren mit Sirup bestreichen und mit Pekannüssen bestreuen.

Sazerac
Whiskeycocktail mit Pernod

2 Stück Würfelzucker
2 Tropfen Angostura Bitter
2 Tropfen Peychaud's Bitter oder Fernet Branca
4 cl Bourbon oder Rye Whiskey
4 Spritzer Pernod
1 Streifen Zitronenschale

Ein Old-Fashioned-Glas vorkühlen. In einem zweiten Glas die Zuckerwürfel mit einigen Tropfen Wasser anfeuchten und zerstoßen. Angostura und Kräuterbitter, Whiskey und Eis beifügen. Gut durchrühren und kalt stellen. Pernod in das gekühlte Glas spritzen und das Glas so drehen und kippen, dass sich die Wände mit dem Pernod überziehen. Den gerührten Drink ins Pernod-Glas umfüllen, mit Zitronenstreifen dekorieren.

Sugar Cane Festival
Zuckerrohr-Erntefest

Planter's Punch
Version #1 & #2

Caribbean Salad
Karibischer Salat

Turtle Soup
Schildkrötensuppe

Rum Lobster
Hummer in Rum

Marinated Pork
Gebeizter Schweinebraten

Gâteau de Sirop
Sirupkuchen

Calas
Flaumige Reisküchlein

Lemony Cheese Cake
Topfen-Zitronen-Kuchen

Mississippi Mud Pie
Schlammkuchen

Pralinés Rose de Coco
Rosa Kokoskonfekt

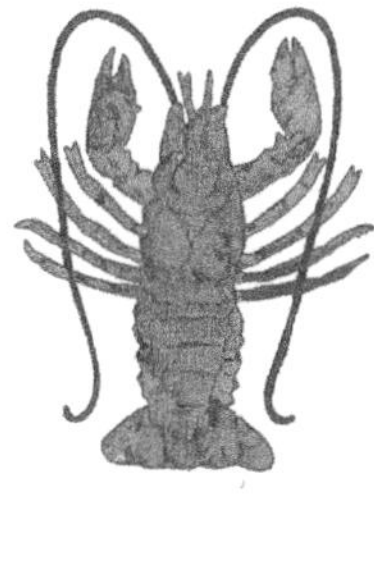

Pecan Pralinés
Pekannusskonfekt

Dixie Divinity
Göttliches Konfekt

The Morning After
Cocktail für den Morgen danach

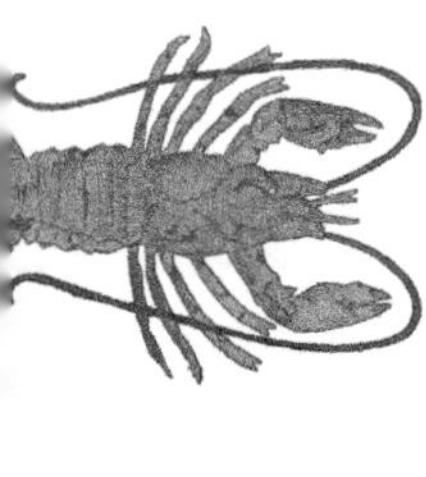

Sugar Cane Festival
Zuckerrohr-Erntefest

Planter's Punch erinnert an die Sitte der Pflanzer, nach getaner Arbeit auf der Veranda ein verdientes Glas Rumpunsch als Aperitif zu genießen.
Das Zuckerrohr kam Mitte des 18. Jahrhunderts zusammen mit dem daraus bereiteten Rum von den Westindischen Inseln nach Louisiana. Bald entstanden riesige Plantagen, und der Handel wurde durch den Bau von Hafenanlagen und die Anbindung an die Eisenbahn vorangetrieben. New Orleans erfuhr auf diese Weise einen rasanten wirtschaftlichen Aufschwung. Mittlerweile zählt Zuckerrohr gemeinsam mit Baumwolle und Reis zu den wichtigsten Agrarprodukten der Region.
Die Menschen in Louisiana lieb(t)en Süßigkeiten ebenso wie die Musik. Zur Erntezeit im Herbst gaben sie beiden Vorlieben ungehemmt nach und feiern das Sugar Cane Festival. Die Besucher spazierten von Stand zu Stand, um die dargebotenen Köstlichkeiten – von denen der Duft von gerösteten Pekannüssen und Vanille ausging – zu versuchen. Dazu spielte eine Band den bekannten Schlager *Candyman*.
Dafür wurden die traditionellen Kuchen- und Pralinenrezepte wieder hervorgeholt: der altmodische *Gâteau de Sirop* (saftiger Kuchen mit Zuckerglasur) und *Calas* (Reisküchlein). *Calas* wurden schon vor Jahrhunderten von den Straßenverkäufern feilgeboten, und die *Street Vendors* in ihren oft skurrilen Kostümen und mit den charakteristischen Rufen im Dialektsingsang prägten lange das Stadtbild von New Orleans. Viele Hausfrauen schätzten die direkte Belieferung mit Nahrungsmitteln und Haushaltswaren, kannten aber auch die Händlertricks.
Die Speisen reichen, wenn nicht anders angegeben, für jeweils 4 EsserInnen, die Getränke sind für 1 Portion berechnet.

Planter's Punch
Version #1

Saft einer halben Limette
1 TL brauner Rohrzucker
12 cl guter dunkler Rum
gestoßenes Eis
1 Zitronenscheibe
1 Maraschinokirsche

Den Limettensaft mit dem Zucker in einem Becherglas so lange verrühren, bis sich der Zucker aufgelöst hat. Den Rum hinzufügen und nochmals umrühren. Das Glas zu drei Vierteln mit dem Eis füllen. Garniert mit Zitrone und Kirsche mit einem Strohhalm servieren.

Planter's Punch
Version #2

6 cl guter dunkler Rum
10 cl Orangensaft
2 cl Zitronensaft
1 Schuss Grenadine
gestoßenes Eis
Muskatnuss, frisch gerieben
Orangenscheibe

Rum, Orangensaft, Zitronensaft und Grenadine im Shaker auf Eis sehr kräftig schütteln, bis die Mischung schön schaumig wird. In ein hohes, schmales Longdrinkglas etwas gestoßenes Eis geben. Den Punsch darübergießen, dabei gegen Ende des Vorganges das Sieb vom Shaker nehmen, um den Schaum in das Glas zu transferieren. Muskat darüberreiben. Mit Orangenscheibe und Strohhalm servieren.

Caribbean Salad
Karibischer Salat

1 rote Paprikaschote in Streifen
1 Fenchelknolle in Streifen
3 Schalotten in Ringen
2 Frühlingszwiebeln in Röllchen
1 Avocado in Scheiben
100 g schwarze Oliven
4 EL Limettensaft
4 EL Olivenöl
1 EL Rum
je 1 Prise Salz und weißer Pfeffer, frisch gemahlen

Paprika, Fenchel, Schalotten, Frühlingszwiebel, Avocado und Oliven in einer großen Schüssel vermengen. Limettensaft, Öl, Rum, Salz und Pfeffer gut mischen und sofort über das Gemüse gießen, um ein Bräunen der Avocado zu vermeiden. Vor dem Servieren gut durchkühlen lassen.

Turtle Soup
Schildkrötensuppe

500 g Schildkrötenfleisch oder Kalbfleisch, gewürfelt
2 EL Butter
2 Frühlingszwiebeln, fein gehackt
1 kleine grüne Paprikaschote, fein gehackt
1 Stange Sellerie, fein gehackt
1 sehr kleine unbehandelte Zitrone, fein gehackt
3 Eier, hart gekocht und passiert
600 ml gute Hühnersuppe
150 ml Obers
weißer Pfeffer, frisch gemahlen
2 cl Rum
Sellerieblätter

Schildkrötenfleisch in Butter anrösten. Frühlingszwiebeln, Paprikaschote und Sellerie hinzufügen und 5 Minuten mitrösten. Zitrone und Eier beigeben, die Suppe zugießen und alles 90 Minuten kochen. Das Obers kurz vor dem Servieren in die Suppe gießen, mit Pfeffer abschmecken und kurz erwärmen, nicht kochen. Die Suppe soll sämig sein. In jeden Suppenteller einige Spritzer Rum setzen und die Suppe darübergießen. Mit Sellerieblättern garnieren und mit frischem Weißbrot servieren. *Eine weit verbreitete Version dieser Suppe enthält statt der gehackten Zitrone zwei geschälte, entkernte und sehr fein gehackte Tomaten oder 3 EL Tomatenmark. Bei dieser Variante wird häufig auf das Obers verzichtet, dafür vor dem Zugießen der Suppe mit 1–2 EL Mehl gestaubt. Serviert wird die Suppe mit Zitronenvierteln und gehackter Petersilie.*

Rum Lobster
Hummer in Rum

400 g Hummerfleisch, tiefgekühlt oder aus der Dose, zerpflückt
8 cl Rum
1 Prise schwarzer Pfeffer, frisch gemahlen
3 EL Butter
150 g Butterkäse nach Wahl, gerieben
1 Frühlingszwiebel in Röllchen
Salzkekse oder Toast

Das Hummerfleisch mit dem Rum und Pfeffer vermengen.
Die Butter in einer schweren Pfanne schmelzen, den Käse hinzufügen und auf kleiner Flamme unter ständigem Rühren zerfließen lassen. Die Pfanne vom Feuer nehmen und das marinierte Hummerfleisch einrühren. Die Masse auf Salzkeksen oder Toast mit Frühlingszwiebelröllchen bestreut servieren.

Marinated Pork
Gebeizter Schweinebraten

1 kg Schweinebraten mit Schwarte
etwas Öl

Marinade
100 ml Rum
2 EL Sherry
3 Knoblauchzehen, gehackt
10 Pimentkörner
1 kleines Stück frischer Ingwer, fein gehackt
2 EL Frühlingszwiebeln, gehackt
2 EL Sellerieblätter, gehackt
2 EL Petersilie, gehackt
1 EL Worcestershiresauce
1 TL Salbei, 1 TL Thymian
1 EL braune Rohrzucker
1 Prise schwarzer Pfeffer, frisch gemahlen

Sauce
2 EL Butter
1 EL Tomatenpüree
2 EL brauner Rohrzucker
2 EL Petersilie, gehackt
1 Scotch-Bonnet-Chili, gehackt (ersatzweise eine andere fruchtige Chilischote)
200 ml Rindsuppe

Das Fleisch längs halbieren. Die Zutaten für die Marinade vermischen und das Fleisch damit benetzen. Den Braten zusammenklappen und mit Rouladenspießchen verschließen. Über Nacht gut zugedeckt im Kühlschrank marinieren. Am nächsten Tag das Backrohr auf 190 °C vorheizen. Den Braten trocken tupfen und in Öl von allen Seiten kräftig anbraten. Danach in einen großen Bräter legen, mit etwas Marinade bestreichen und 90 Minuten braten. Zwischendurch mit Marinade und Bratensaft bestreichen. Den Braten aus dem Bräter nehmen und im Rohr warm stellen.
Die Butter mit dem Bratensatz vermischen, Tomatenpüree, Zucker, Petersilie und Chilischote einrühren. Mit Suppe ablöschen und so lange einkochen, bis die Sauce sämig wird. Das Fleisch in Scheiben schneiden, mit der Bratensauce und Süßkartoffelpüree servieren.

Gâteau de Sirop
Traditioneller Sirupkuchen

1 Kuchen von 23 cm Durchmesser

Teig

125 g Butter
125 g Zucker
125 g Zuckerrohrsirup oder 80 g brauner Rohrzucker
4 EL Milch
1 Ei
1 Dotter
1 TL Vanilleessenz
300 g Weizenmehl
1 TL Backpulver
1 TL Natron
1 TL Salz
1 TL Zimt
1 Msp Piment
1 Msp Muskatnuss

Glasur

80 g brauner Rohrzucker
60 g Butter
2 EL Weizenmehl
125 g Pekannüsse, gehackt

Das Backrohr auf 180 °C vorheizen. Eine Tortenform fetten.
Ist kein Zuckerrohrsirup zur Verfügung, so kocht man gut 80 g braunen Rohrzucker mit 6 EL Wasser zu einem dicken Sirup, den man abkühlt.
Die Butter mit Zucker schaumig schlagen. Den Sirup unterrühren. Milch, Ei, Dotter und Vanilleessenz kräftig einrühren.
Das Mehl mit Backpulver, Natron, Salz, Zimt, Piment und Muskat vermischen. In die Sirupmasse einrühren und in die Backform gießen. 30 bis 35 Minuten backen, bis sich der Kuchen von der Backform löst und eine Stichprobe in der Mitte keinen Teig mehr zeigt. Während man die Glasur vorbereitet, den Kuchen leicht abkühlen lassen.
Für die Glasur den Zucker mit der Butter schaumig rühren. Mehl und Pekannüsse hinzufügen, alles glatt rühren und auf den Kuchen streichen. Den Kuchen nochmals in das Rohr schieben, bis der Überzug zerläuft.

In einer anderen Version wird die Glasur ohne Mehl und ohne weiteres Backen auf den kalten Kuchen gestrichen. Die Autorin schätzt – ganz in der Tradition der eitlen Köche von New Orleans – ihre eigene Version am meisten:

Glasur à la maison
80 g brauner Rohrzucker
60 g Staubzucker
60 g Butter
3 EL guter dunkler Rum
125 g Pekannüsse, gehackt
1 TL Schale einer unbehandelten Orange, sehr fein gerieben

Für die Glasur Rohrzucker und Staubzucker mit der Butter sehr schaumig rühren. Den Rum mit Pekannüssen und Orangenschale hinzufügen und glatt rühren. Den lauwarmen Kuchen an mehreren Stellen mit einem Grillspieß tief einstechen und die Glasur gleichmäßig aufstreichen.

Calas
Flaumige Reisküchlein

6 große Stück

125 g weißer Langkornreis
1 TL Salz
1 EL Butter
1 Pkg Trockengerm
3 große Eier
60 g Zucker
200 g Weizenmehl
1 Prise Muskatnuss, frisch gemahlen
1 Prise Salz
1 TL Vanilleessenz
Öl zum Frittieren
Staubzucker oder Zuckerrohrsirup

Den Reis mit Salz und Butter in 400 ml Wasser sehr weich kochen und gut ausdampfen lassen. In einer großen Schüssel mit einem Vorlegelöffel etwas zerdrücken.

Die Germ in 5 EL lauwarmem Wasser auflösen und in den überkühlten Reis mischen. Über Nacht zugedeckt an einem warmen Ort gehen lassen. Eier, Zucker, Mehl, Muskat, Salz und Vanille in die Reismischung rühren und 1 Minute kräftig schlagen. Die Masse zugedeckt an einem warmen Ort 30 Minuten gehen lassen.
Eine schwere Pfanne etwa 3 cm hoch mit Öl füllen und auf 190 °C erhitzen. Mit einem großen Löffel jeweils 3 bis 4 Teighäufchen in die Pfanne setzen und beidseitig goldbraun backen. Auf Küchenpapier abtropfen lassen und sofort mit Staubzucker oder Zuckerrohrsirup servieren. Die Reisküchlein schmecken am besten frisch. Der Teig lässt sich nicht aufheben.

Lemony Cheese Cake
Topfen-Zitronen-Kuchen

1 Kuchen von 23 cm Durchmesser

Boden
200 g Vollkornkekse, zerbröselt
30 g brauner Rohrzucker
1 Prise Zimt
60 g Butter zerlassen

Belag
750 g Topfen, mindestens 20% F.i.T.
160 g Zucker
6 Eier, getrennt
40 g Speisestärke
2 TL Vanilleessenz
1 EL Zitronensaft
500 ml Sauerrahm
1 EL Schale einer unbehandelten Zitrone, fein gerieben
1 EL Schale einer unbehandelten Zitrone, sehr grob gerieben
1 unbehandelte Zitrone in hauchdünnen Scheiben

Eine Springform von 23 cm Durchmesser fetten. Die Keksbrösel mit Zucker und Zimt vermengen. Die zerlassene Butter sorgfältig mit den Bröseln vermengen. Den Boden der Backform gleichmäßig mit der Brösel-Mischung bestreuen und etwas festdrücken.
Das Backrohr auf 175 °C vorheizen.

Für den Belag den Topfen sehr schaumig schlagen. Unter kräftigem Schlagen den Zucker einarbeiten. Nach und nach die Dotter, Stärke, sowie Vanilleessenz und Zitronensaft einarbeiten. Den Sauerrahm und die fein geriebene Zitronenschale sanft einrühren. Nicht mehr schlagen, da der Rahm sonst gerinnt. Die Eiklar zu einem sehr festen Schnee schlagen und in die Topfenmasse einfalten. Die Füllung auf den Keksbröselboden streichen und den Kuchen 1 Stunde backen.

Das Rohr abschalten und die Backform bei offener Backrohrtür 15 Minuten im Ofen belassen. Den Kuchen aus dem Rohr nehmen und vollständig abkühlen lassen. Die Springform vorsichtig öffnen. Den Kuchen mit der grob geriebenen Zitronenschale bestreuen, die Seitenflächen mit den Zitronenscheiben garnieren.

Der klassische Cheesecake verzichtet auf die Zitronenschale und -scheiben. Den Topfen kann man auch durch Mascarpone oder Frischkäse ersetzen.

Mississippi Mud Pie
Schlammkuchen

1 Kuchen 30 x 30 cm

Teig

200 g Kochschokolade
500 g Zucker
180 g Butter
6 Eier
1 TL Vanilleessenz
300 g Weizenmehl
2 TL Backpulver, 1 Prise Salz
350 ml Milch
15 cl Southern Comfort bzw. Orangensaft

Überzug

500 g Kochschokolade
350 ml Sauerrahm, 1 Prise Salz

Das Backrohr auf 175 °C vorheizen. Ein Backblech mit Backpergament auslegen.

Die Schokolade gründlich zerkleinern und im Wasserbad schmelzen. Zucker und Butter sehr schaumig rühren, die Eier einzeln kräftig einrühren. Die leicht überkühlte geschmolzene Schokolade in die Eiermasse mixen.

Vanille einrühren. Das Mehl mit Backpulver und Salz mischen. Portionsweise abwechselnd mit der Milch in die Schokolademasse rühren. Den Teig auf das Blech gießen und etwa 20 Minuten backen, bis eine Stichprobe in der Mitte keine Teigspuren mehr zeigt.
Den Kuchen etwas abkühlen lassen, danach die Teigplatte längs durchschneiden und die Ränder begradigen. Die abgeschnittenen Randstücke fein zerbröseln und mit Southern Comfort tränken. Die Brösel auf eine Teighälfte streichen und die zweite Teigplatte darüberlegen. Leicht zusammendrücken.
Für die Glasur die Schokolade im Wasserbad schmelzen. Die Schokolade vom Feuer nehmen und mit einer Schneerute den Sauerrahm und das Salz flott einrühren. Den Kuchen sofort mit der noch warmen Glasur überziehen.
Für ein Kinderfest den Southern Comfort durch Orangensaft ersetzen und den Kuchen mit Marzipankrokodilen verzieren.

Pralinés Rose de Coco
Rosa Kokoskonfekt

24 Stück

500 g Zucker
1 kleine frische Kokosnuss oder 1 Dose Kokosnussmark
1 EL rote Lebensmittelfarbe oder Johannisbeersirup
6 Cocktailkirschen, geviertelt

Den Zucker mit 100 ml Wasser in einer flachen Pfanne unter Rühren aufkochen und sprudelnd kochen lassen. Die Pfanne vom Herd nehmen, sobald sich Sirup bildet.
Das frisch geriebene Kokosfleisch einrühren. Die Pfanne auf das Feuer zurückstellen und unter stetigem Rühren erhitzen, bis die Mischung Blasen wirft. Lebensmittelfarbe einrühren und die Pfanne vom Feuer nehmen. Die Mischung auf ein Steinbrett oder gebuttertes Backpergament gießen.
Etwa 0,5 cm dicke runde Küchlein formen. Mit geviertelten Cocktailkirschen dekorieren. Nach dem Erstarren die Küchlein vorsichtig mit einem schmalen Messer von der Unterlage abheben.
Für eine Hochzeit aus der Masse kleine Herzen stechen.

Pecan Pralinés
Pekannusskonfekt

20 Stück

250 g brauner Rohrzucker
250 g weißer Zucker
200 ml Obers
Veilchenaroma
1 Tasse Pekannüsse, gehackt
2 EL Butter

Eine große flache Platte gut einfetten oder ein großes Blatt Backpergament vorbereiten.
Zucker und Obers auf kleiner Flamme erhitzen, bis der Zucker sich aufgelöst hat, gelegentlich umrühren. Pekannüsse, Veilchenaroma und Butter einrühren und die Mischung so lange kochen, bis ein Tropfen in kaltem Wasser zu einem weichen Ball erstarrt (238 °C auf dem Zuckerthermometer).
Ungestört abkühlen lassen. Die Mischung schlagen, bis sie andickt, jedoch noch nicht ihren Glanz verliert.
Die Mischung esslöffelweise in großzügigen Abständen auf die gefettete Oberfläche setzen und erstarren lassen. Die Mischung kann man auch auf die gefettete Oberfläche aufstreichen und nach 30 Minuten in kleine Quadrate schneiden.
Pecan Pralinés werden gerne nach einem großen Diner zum Kaffee gereicht.

Dixie Divinity
Göttliches Konfekt

24 Stück

60 g Maisstärke
500 g Zucker
125 ml Wasser
1 Prise Salz
3 Eiklar
2 TL Vanilleessenz
100 g Pekannüsse

Stärke, Zucker, Wasser und Salz in einer schweren Pfanne mischen. Den Zucker bei schwacher Hitze unter ständigem Rühren schmelzen. Die Temperatur erhöhen und die Mischung ungestört erhitzen, bis das Zuckerthermometer 250 °C anzeigt oder bis ein Tropfen in kaltem Wasser zu einem harten Ball erstarrt. Die Pfanne vom Feuer nehmen. Eiklar steif schlagen. Den heißen Sirup in einem dünnen Strahl unter stetigem Schlagen in den Eischnee einarbeiten. Nachdem der gesamte Sirup verarbeitet ist, wird die Schüssel in ein heißes Wasserbad gestellt. Die Mischung weiterschlagen, bis sie ihren Glanz verliert und weiche Spitzen stehen bleiben.
Die Schüssel aus dem Wasserbad nehmen. Nüsse und Vanille einrühren. Kleine Häufchen auf Backpergament setzen und zu Bonbons drehen oder die Mischung auf das Pergament streichen und in Quadrate schneiden. Sollte die Mischung zu fest werden, einige Tropfen heißes Wasser hinzufügen oder die Schüssel in das Wasserbad zurückstellen.

The Morning After
Cocktail für den Morgen danach

4 cl Rum
200 ml Tomatensaft
1 kleine Chilischote ohne Kerne, feinst gehackt
2 cl Limettensaft
1 Spritzer Angostura
1 Prise Salz und schwarzer Pfeffer, frisch gemahlen
1 Zitronenspalte

Alle Zutaten in einem Longdrinkglas vermischen. Mit Eis servieren.

Halloween Horror Buffet

Corpse Reviver
Leichenerwecker

Bloodshot Eye Salad
Salat von blutunterlaufenen Augen

Spicy Witch's Bones
Würzige Hexenknochen

Blood Soup in the Skull
Blutsuppe im Totenschädel

Burnt Corpse (Blackened Fish)
Verbrannter Leichnam

Pork R.I.P.s with Dead Man's Toes
Schweinerippchen »Ruhe in Frieden« mit Leichenzehen

Coup Haematoma with Tombstones
Blutergussbecher mit Grabsteinen

Eyeball Punch
Augapfelpunsch

Burning Skull
Brennender Schädel

Halloween

Für die Kelten begann in der Nacht des 31. Oktober das Neue Jahr. Nach der Überlieferung verschwamm an diesem *All Hallows' Eve* die Grenze zwischen den Lebenden und den Toten. Der Abend vor *Hallowmas*, Allerheiligen, wird heute als kleiner Karneval mit Verkleidungen gefeiert. Häuser und Straßen werden mit Hexen, Fledermäusen, schwarzen Katzen und Monstern dekoriert. Die Farben nachtschwarz und kürbisorange herrschen vor.

Typisch für das Fest wurde *Jack O'Lantern*, der ausgehöhlte Kürbiskopf, dem die flackernde Kerze ein gespenstisches Aussehen gibt. Wo immer sich Platz findet – auf Kostümen ebenso wie auf Torten – steht die Buchstabenkombination R.I.P. (*Rest In Peace* – Ruhe in Frieden). Diese Grabinschrift wird zu Halloween ironisch zu *Rest In Pieces* (Ruhe in Stücken) umgedeutet.

Vom Nachmittag bis in den frühen Abend ziehen die Kinder kostümiert durch die Nachbarschaft und betteln um Süßigkeiten, sodass überall kleine Monster ausgelassene Partys feiern. Am Abend vor Allerheiligen hält man Süßigkeiten für die Kinder bereit, die mit dem Satz »*Trick or treat*« (Gib mir Süßes, sonst gibt's Saures) ihre Beute erpressen. Beliebt sind Schokoladekugeln mit Kürbisgesichtern, Geister und Hexen aus Fruchtgummi und *Candy Corn* (bunte maiskornförmigeBonbons).

Zu einer Halloween Party gehört ein richtig gruseliges Menü, wobei sich das auf die Optik und die Bezeichnung der Speisen beschränkt und nicht den Geschmack meint. Jedes Rezept des Menüs erschreckt 4– 6 Personen, ebenso der Punsch. Die Rezepte für *Corpse Reviver* und *Burning Skull* ergeben jeweils 1 Portion.

Corpse Reviver
Leichenerwecker

2 cl Vermouth rosso
2 cl Calvados
2 cl Brandy

Alle Zutaten im Rührglas auf Eiswürfeln gut verrühren, in eine Cocktailschale abseihen. Ein Glas Eiswasser dazu reichen.

Bloodshot Eye Salad
Salat von blutunterlaufenen Augen

4–6 Eier, hart gekocht
1 Pkg rote Eierfarbe
1 Salatgurke
1 Knoblauchzehe, geschält und fein gehackt
2 EL Weinessig
5 EL gutes Öl
Tabasco
je 1 Prise Salz, schwarzer Pfeffer und Cayenne, frisch gemahlen
1 rote Paprikaschote, entkernt, in Streifen geschnitten
4–6 grüne Oliven, mit roten Pfefferoni gefüllt

Die hart gekochten Eier auf einer festen Unterlage rundum leicht aufklopfen, sodass die Schale springt, aber sich noch nicht von den Eiern löst. Die rote Eierfarbe mit lediglich einem Viertel der auf der Packung angegebenen Wassermenge anrühren und die Eier darin einlegen. Gelegentlich wenden. Die Salatgurke in 8–12 dicke Scheiben schneiden und diese in der Mitte leicht aushöhlen. Aus Knoblauch, Essig, Öl, Tabasco, Salz, Pfeffer und Cayenne eine Salatsauce anrühren und die Gurken darin 30 Minuten ziehen lassen.
Die Eier schälen. Die Eierfarbe sollte durch die Sprünge in der Schale dringen und rote Äderchen auf dem Eiweiß hinterlassen haben. Die Eier quer durchschneiden. Die gefüllten Oliven halbieren und als grüne Iris mit roter Pupille in die Eidotter drücken. Die Gurkenscheiben auf eine Servierplatte legen und die Eierhälften daraufsetzen. Aus den Paprikaschoten »Augenmuskeln« auf die Eihälften legen.

Spicy Witch's Bones
Würzige Hexenknochen

500 g Blätterteig
1 kleine Zwiebel, gehackt
2 Knoblauchzehen, gehackt
3 rote Paprikaschoten enthäutet, entkernt, in Streifen
2 EL Olivenöl
Oregano, Salz, schwarzer Pfeffer, frisch gemahlen
100 g Käse, gerieben
3 Dotter
2 EL Obers
1 Kopf dunkler Salat (Eichblatt, Lollo rosso)
rote Dips (Ketchup, Grillsaucen o.Ä.)

Das Backrohr auf 200 °C vorheizen.
Zwiebel, Knoblauch und Paprikastreifen im Olivenöl goldbraun braten. Mit Salz, Pfeffer und Oregano würzen. In einer kleinen Schüssel den Käse mit Obers und 2 Dottern vermengen.
Ein Backblech mit Backpergament auslegen. Den Teig ausrollen und in längliche Streifen schneiden. Die Paprikaschoten längs darauflegen und etwas von der Käsemischung darauf drapieren. Die Teigränder mit verquirltem Dotter bestreichen, eine Längsseite über die Füllung legen, danach die beiden Breitseiten schmal einschlagen, um ein Ausrinnen der Füllung zu vermeiden. Zuletzt die Rolle mit der zweiten Längsseite schließen. Die Rollen mit der Nahtstelle nach unten auf das Backblech legen, in der Mitte etwas zusammenschieben, die Ränder knochenartig in jeweils zwei rundliche Zipfel auseinanderdrücken. Die Knochen mit Dotter bestreichen und ca. 25 Minuten backen. Bei der Backzeit die Herstellerangaben auf der Blätterteigpackung beachten.
Auf einer großen Platte ein Bett aus den Salatblättern arrangieren und die Knochen dekorativ anrichten. Mit roten Dips servieren.

Blood Soup in the Skull
Blutsuppe im Totenschädel

4 kleine Kürbisse oder 1 großer Kürbis
1 kg Rote Rüben, geschält und gewürfelt
500 ml Suppe oder 1 Suppenwürfel
1 Zwiebel, gehackt
60 g Butter
50 g Weizenmehl
1 Prise getrockneter Oregano
1 Prise getrocknetes Basilikum
1 Prise Paprikapulver
1 Msp Cayenne
1 Prise Muskatnuss, frisch gerieben
1 Spritzer Tabasco
1 Zitrone
4 Scheiben Weißbrot

Die Kürbisse aushöhlen, dabei die Schale nicht verletzen.
Die Roten Rüben schälen, in kleine Würfel schneiden und in wenig Suppe weich dünsten. Zwiebel in 20 g Butter anrösten, das gehackte Kürbisfleisch kurz mitdünsten, dann mit Mehl stauben und die zerkleinerten Roten Rüben hinzufügen. 10 Minuten kochen. Im Mixer pürieren. Oregano, Basilikum, Paprika, Cayenne, Muskat, Tabasco und Zitrone hinzufügen. Die Suppe in die ausgehöhlten Kürbisse füllen.
Aus den Brotscheiben mit einem Keksausstecher Geister oder Fledermäuse formen und in der restlichen Butter goldbraun braten. Auf die Suppe legen.

Burnt Corpse (Blackened Fish)
Verbrannter Leichnam

4 Weißfischfilets (unter 2 cm dick)
2 Knoblauchzehen, feinst gehackt
1 Prise getrockneter Thymian
1 Prise getrockneter Oregano
1 Prise getrocknetes Basilikum
1 Prise Kreuzkümmel, gemahlen
1 Prise weißer Pfeffer, frisch gemahlen
1 Prise schwarzer Pfeffer, frisch gemahlen
1 EL rotes Paprikapulver
120 g Butter

Die Gewürze in einer kleinen Schüssel vermengen. Die Butter mit dem Knoblauch schmelzen.
Den Fisch waschen, trocken tupfen, mit der zerlassenen Butter bestreichen und in der Gewürzmischung wenden. Die Gewürze gut auf den Filets festdrücken.
Im Freien arbeiten oder das Fenster öffnen, beziehungsweise die Dunstabzugshaube auf größter Stufe einschalten. Eine große Pfanne stark erhitzen und die Fischfilets bei hoher Temperatur 2 Minuten braten, bis sie deutlich schwarz werden. Bei Bedarf etwas Butter zugeben. Die Filets vorsichtig wenden und die zweite Seite ebenfalls 2 Minuten braten. Den Fisch heiß mit der restlichen Butter servieren.
Als Beilage passt am besten weißer Reis mit Tomatenketchup oder Würfeln roter Paprikaschote als »Blutspritzer«.

Pork R.I.P.s with Dead Man's Toes
Schweinerippchen »Ruhe in Frieden« mit Leichenzehen

4–6 dicke Schweinerippchen

Marinade
Saft einer Limette
2 Knoblauchzehen, grob gehackt
1 TL brauner Rohrzucker
schwarzer Pfeffer, frisch gemahlen
1 Prise getrockneter Rosmarin
1 Prise getrockneter Thymian
1 EL Worcestershiresauce oder Sojasauce
1 TL Senf
1 Prise Salz

Sauce
4 Schalotten, gehackt
2 Stangen Sellerie in Scheiben
1 grüne Paprikaschote, entkernt und gewürfelt
500 g reife Tomaten, geschält, entkernt und gehackt
3 EL Tomatenmark
1 TL getrockneter Oregano
2 EL Öl

Leichenzehen
500 g Kartoffeln, geschält
1 Prise Salz
Muskatnuss, frisch gerieben
100 g Käse, gerieben
Öl zum Frittieren

Limettensaft, Knoblauch, Rohrzucker, Pfeffer, Rosmarin, Thymian, Worcestershiresauce, Senf und Salz mischen. Die Rippchen damit einreiben und in einem Gefäß aus Glas oder Porzellan gut zugedeckt im Kühlschrank mindestens 4 Stunden, besser über Nacht, marinieren.
Das Backrohr auf 180 °C vorheizen. Die Rippchen aus der Marinade heben, etwas abtupfen, in einen Bräter legen und 1 Stunde braten, bis sie knusprig braun sind und beim Einstechen kein Blutsaft mehr austritt. Das Fleisch vorsichtig fast auf der ganzen Länge vom Knochen schnei-

den und davon wegziehen. In den Zwischenraum zwischen Fleisch und Knochen kommt die blutrote Sauce: Dafür Schalotten, Sellerie und Paprikaschote im heißen Öl anbraten, die Temperatur reduzieren, die Tomaten hinzufügen und das Gemüse 20 Minuten dünsten. Tomatenmark und Oregano hinzufügen und weitere 5 Minuten sanft köcheln. Bei Bedarf mit Salz, Pfeffer und Tabasco abschmecken.
Für die Leichenzehen die Kartoffeln in kurze breite Stifte schneiden und mit Küchenrolle trocken tupfen. Das Öl in einer tiefen Pfanne erhitzen, bis ein Kartoffelstück im Öl Blasen wirft und aufschwimmt. Die Kartoffelstücke in mehreren Tranchen goldgelb frittieren.
Kartoffeln auf ein Backblech legen, salzen, mit Muskat bestreuen und den Käse gleichmäßig darüber verteilen. Für die letzten 10 Minuten zu den Rippchen ins Rohr schieben, bis der Käse schmilzt.
Jeweils 5 Kartoffeln um die Rippchen legen.

Coup Haematoma with Tombstones
Blutergussbecher mit Grabsteinen

150 g weiße Schokolade
300 g Heidelbeerjoghurt
400 g Frischkäse
100 g Heidelbeermarmelade
600 g Brombeeren
frische Minze
100 g Biskotten, quer halbiert
50 g Kakaopulver

Die Schokolade im Wasserbad schmelzen und mit Joghurt, Marmelade und Frischkäse vermischen. Die Schokolademousse in Dessertschalen anrichten und diese kalt stellen. Vor dem Servieren die Beeren darauf verteilen, mit Minze garnieren.
Für die Grabsteine eine kleine Kartonschablone mit den Buchstaben R.I.P. schneiden. Das Kakaopulver mit Wasser zu einer streichfähigen Masse anrühren. Die Schablone auf eine Biskotte legen und mit einem Backpinsel dünn Kakaomasse darüberstreichen. Die Schablone vorsichtig abheben. Vor dem Servieren je 1 beschriftete Biskotte in jede Mousse-Schale setzen.
Serviervariante: Auf einer großen ovalen Platte die Schokolademousse in Form eines Grabhügels anrichten, die Beeren rundum arrangieren. Auf den Grabhügel einen Kranz aus Minze legen, mit Grabsteinen versehen.

Eyeball Punch
Augapfelpunsch

200 g Litschis
Saft von 2 Zitronen
Saft und Schale einer unbehandelten Orange
2 l roter Fruchtsaft
2 Flaschen Sekt oder je 1 Flasche Sekt und Mineralwasser

Die Litschis schälen, mit Zitronensaft, Orangensaft und Orangenschale einige Stunden im Kühlschrank marinieren. Lychees, Zitrusfruchtsaft und roten Fruchtsaft in einer großen Glasschüssel vermischen. Mit Sekt aufgießen.
Besonders diabolisch wirkt der Punsch, wenn er mit Trockeneis gekühlt wird. Die Substanz ist bei Firmen, die Gasflaschen vermieten, erhältlich und erzeugt beim Schmelzen gruseligen Friedhofsnebel.

Burning Skull
Brennender Schädel

1 Orange
2 Zuckerwürfel
2 Gewürznelken
2,5 cm Zimtstange
6–8 cl Brandy

Von der Orange an der Unterseite ein dünnes Kreissegment abschneiden, damit eine Standfläche entsteht (die Schale muss dabei intakt bleiben). Dann den Deckel abschneiden, die Orange aushöhlen, das Fruchtfleisch mit der Hand auspressen. Orangensaft, Zucker, Nelken und Zimt in die Orange füllen. Mit Brandy übergießen und anzünden.

Thanksgiving
Erntedank

American Beauty
Appetitanregender Cocktail

Pickled Crawfish
Marinierte Flusskrebse

Pumpkin Soup
Kürbiscremesuppe

Mushroom Stuffed Turkey with Maquechoux, Cranberry Jelly, Orange Onion Salad & Truffled Bourbon Mashed Sweet Potatoes
Pilzgefüllter Truthahn mit Maisragoût, Preiselbeergelee, Orangen-Zwiebel-Salat & Püree von getrüffelten Bourbon-Süßkartoffeln

Pecan Pie with Old-fashioned Maple Ice Cream
Pekannusskuchen mit hausgemachter Ahornsirup-Eiscreme

Cranberry Cream Bowl
Alkoholfreie Preiselbeerbowle

Thanksgiving Bowl
Erntedankbowle

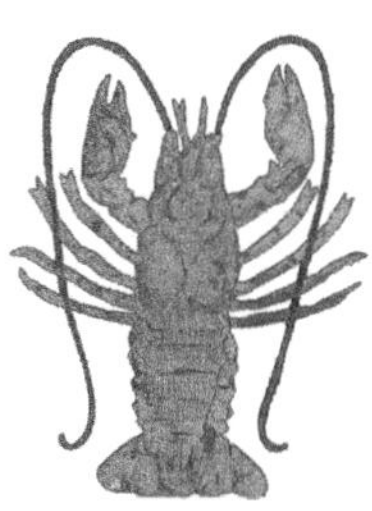

Thanksgiving
Erntedank

Die Wirtschaft des amerikanischen Südens basierte lange Zeit vorwiegend auf der Landwirtschaft. Daher spiegeln die Feiern rund um das Erntedankfest die Freude und Erleichterung über das baldige Ende der arbeitsreichen Saison wider. Diese Freude teilte man traditionell gerne mit der Familie und möglichst vielen Freunden. Seit 1939 wird aufgrund eines Erlasses von Franklin D. Roosevelt *Thanksgiving* nicht mehr am letzten Donnerstag im November, sondern am 4. Donnerstag des Monates gefeiert. Ziel dieser ausgesprochen erfolgreichen Maßnahme war eine Verlängerung der vorweihnachtlichen Einkaufssaison.

Der Hauptgang des traditionellen Erntedankmenüs ist immer ein gebratener Truthahn mit möglichst vielen raffiniert zubereiteten Gemüsebeilagen und Preiselbeeren. Mexikaner waren die ersten Truthahnzüchter.

Untrennbar ist mit diesem Tag auch der Kürbis verbunden – ob als Suppe, Beilage oder Dessert. Für besonders gute Stimmung sorgen Punsch und Bowle auf der Grundlage des reichen Angebots an Beeren der Saison; für die Kinder gibt es alkoholfreie Bowle.

Das Tischdekor orientiert sich an den Farben des Herbstes. Ein dunkelgrünes Tischtuch, mit bunten Herbstblättern und Maiskolben belegt, und einige Zierkürbisse ergeben den passenden Rahmen.

Religiöse Familien lassen einen Teil der Ernte weihen, um die Mächte des Himmels für die nächste Saison gnädig zu stimmen.

Unser Menü sättigt 6–8 Personen, die Bowlen reichen für die gleiche Personenzahl, der Aperitif ist für 1 Person berechnet.

American Beauty
Appetitanregender Cocktail

1 cl Martini dry
1 cl Martini rosso
2 cl Brandy
2 Spritzer Grenadine
2 cl Orangensaft
Portwein

Alle Zutaten verrühren und in ein gekühltes Cocktailglas gießen. Nach Belieben mit Orangenspirale garniert servieren.

Pickled Crawfish
Marinierte Flusskrebse

500 g Flusskrebsschwänze, ausgelöst
1 EL gelbe Senfkörner
2 getrocknete rote Chilischoten
350 ml Weißweinessig
1 TL weiße Pfefferkörner
1 TL Koriandersamen
1 Zitrone
2 EL Dijonsenf
175 ml gutes Olivenöl
1 Zwiebel, in feine Ringe geschnitten
3 Knoblauchzehen, gehackt
1 Zitrone in Scheiben
Petersilie, gehackt

Die Senfkörner in etwas Öl braten, bis sie zu springen beginnen. Mit dem Essig, Pfefferkörnern, Koriander, Chili und der Zitrone in einem großen Topf aufkochen. Den Topf vom Feuer nehmen und die Flusskrebsschwänze in die heiße Marinade legen.
Den Senf im Olivenöl auflösen. Zwiebel, Knoblauch und Öl in die Marinade mischen. 8 Stunden im Kühlschrank ziehen lassen. Mit Zitronenscheiben und Petersilie garniert servieren. Frisches Baguette und leichten Weißwein dazu reichen.

Pumpkin Soup
Kürbiscremesuppe

2 Tassen orangefleischiger Kürbis (z.B. Hokkaido)
1 EL Butter
2 EL Zwiebel, fein gehackt
350 ml Hühnersuppe
350 ml Milch
1 Prise Nelken, gemahlen
1 Prise Muskatblüte
1 Prise brauner Rohrzucker
1 TL Zitronensaft
1 Prise Salz
2 Spritzer Tabasco
5 EL Obers
1 EL Kürbiskerne, geröstet

Kürbis entkernen, klein schneiden und in Salzwasser weich kochen. Die Butter in einem großen Topf zerlassen und die Zwiebeln darin 2 bis 3 Minuten glasig dünsten, ohne sie zu bräunen. Kürbisfleisch, Hühnersuppe, Milch, Nelken, Muskatblüte, Zucker, Zitronensaft, Salz und Tabasco hinzufügen. Auf kleiner Flamme 15 Minuten ziehen lassen, hin und wieder umrühren.
Die Suppe durch ein Sieb passieren (ein Elektrogerät macht die Suppe zu glatt und schadet dem Aroma). Obers einrühren und die Suppe nochmals erhitzen, ohne sie aufzukochen.
Mit gerösteten Kürbiskernen garniert servieren.

Mushroom Stuffed Turkey with Maquechoux, Orange Onion Salad, Cranberry Jelly and Truffled Bourbon Mashed Sweet Potatoes

Pilzgefüllter Truthahn mit Maisragoût, Preiselbeergelee, Orangen-Zwiebel-Salat & Püree von getrüffelten Whiskey-Süßkartoffeln

Truthahn

1 ganzer Truthahn mit Innereien
1 Tasse kräftige Hühnersuppe
150 g Brustspeck in kleinen Würfeln
2 EL Butter
20 Schalotten, grob gehackt
200 g Pilze (nach Wahl), grob gehackt
20 Babykarotten
je 1 Prise Salz und schwarzer Pfeffer, frisch gemahlen
1 Prise Muskatnuss, frisch gerieben
1 Bund Petersilie, gehackt
3 Tassen Weißbrotkrume
3 Eier
Milch oder Obers nach Bedarf
1 Zweig Thymian (ersatzweise 1/2 TL getrockneter Thymian)
1 Flasche Bier
1 Prise brauner Rohrzucker
1 Lorbeerblatt
2 Knoblauchzehen, gehackt

Das Rohr auf 175 °C vorheizen. Die Hühnersuppe mit geschnittenem Truthahnherz, -leber und -magen 15 Minuten kochen. Die Innereien klein hacken.
Den Brustspeck in der Butter knusprig braten. Speckwürfel aus der Pfanne heben und im verbliebenen Fett die Schalotten und Pilze dünsten. Babykarotten in der Suppe angaren. Karotten, Pilze, Innereien, Schalotten, Salz, Pfeffer, Muskat und die Hälfte der Petersilie mit der Brotkrume und den Eiern zu einer saftigen Füllung verkneten. Kräftig abschmecken. Den Truthahn innen und außen waschen und trocken tupfen. Thymian mit dem Knoblauch, Salz und Pfeffer sowie der restlichen Petersilie vermischen und gleichmäßig unter der Haut des Truthahns verteilen. Den Truthahn füllen und mit Küchengarn oder Rouladenspießchen verschließen. Suppe, Bier, Zucker und Lorbeer in einem großen Bräter aufkochen.

Den Truthahn hineingeben und im Rohr garen, bis eine Stichprobe an der dicksten Stelle der Keule keinen Blutsaft mehr zeigt. Öfter mit dem Saft begießen Im Schnitt rechnet man mit einer guten Stunde Garzeit pro Kilogramm Fleisch. Den Truthahn vor dem Tranchieren 10 Minuten rasten lassen. Der Saft tritt in das Fleisch zurück, und der Truthahn wird saftiger und lässt sich besser schneiden.

Maisragoût
4 frische Maiskolben (notfalls tiefgekühlte Maiskörner)
3 EL Butter
1 kleiner Bund Frühlingszwiebeln oder 4 Schalotten, gehackt
1 EL brauner Rohrzucker
1 knapper TL Salz
1 Prise schwarzer Pfeffer und Cayenne, frisch gemahlen
300 g Fleischtomaten, geschält, entkernt und geviertelt
125 ml Milch oder Obers
1 EL Petersilie oder Sellerieblätter, gehackt

Die Maiskörner von den Kolben schneiden. Mit dem Messerrücken die milchige Flüssigkeit aus den Kolben drücken und in einer kleinen Schüssel auffangen.
Die Butter in einer schweren Pfanne schmelzen. Zwiebeln, Zucker, Salz, Pfeffer und Cayenne 6–8 Minuten unter häufigem Rühren dünsten.
Die Maiskörner mit der Flüssigkeit aus den Kolben und die Tomatenviertel hinzufügen und in etwa 15 Minuten den Mais weich dünsten. Milch oder Obers einrühren und sofort mit Kräutern bestreut servieren.

Püree
8 Süßkartoffeln
1 TL brauner Rohrzucker
1/2 TL Salz
100 g Butter
125 ml Bourbon
1 TL schwarzes Trüffelöl (3 TL wenn keine frischen Trüffel verwendet werden)
schwarze Trüffel (nach Belieben)

Das Rohr auf 180 °C vorheizen. Eine flache Auflaufform fetten. Die Süßkartoffeln sorgfältig waschen und im Rohr eine Stunde weichbacken. Da-

bei hin und wieder umdrehen. Die Süßkartoffeln schälen, mit Zucker, Salz, Butter, Bourbon und Trüffelöl zu einem glatten Püree stampfen.
In einer gefetteten Form backen, bis die Masse Blasen wirft (ca. 35 Minuten). Kurz vor dem Servieren – falls vorhanden – Trüffel in dünnen Streifen über das fertige Gericht reiben. Das Püree schmeckt auch ohne frische Trüffel hervorragend.

Orangen-Zwiebel-Salat
4 süße Orangen
2 rote Zwiebeln
2 EL Rotweinessig
6 EL Olivenöl
1 Spritzer Zitronensaft
je 1 Prise Salz und schwarzer Pfeffer, frisch gemahlen

Die Orangen schälen und in dünne Scheiben schneiden. Zwiebeln schälen und in zarte Ringe schneiden. Essig, Öl, Zitrone, Salz und Pfeffer kräftig mit einer Schneerute schlagen, bis alle Zutaten gut vermengt sind. Orangen und Zwiebel auf einer großen Servierplatte oder einzelnen Salattellern dekorativ anrichten und mit dem Dressing überziehen. Vor dem Servieren kurz ziehen lassen.

Preiselbeergelee
360 g frische Preiselbeeren
1 Tasse Zucker
1 TL Schale einer unbehandelten Orange, grob gerieben

Die Preiselbeeren sorgfältig verlesen und waschen. Mit 375 ml Wasser 20 Minuten kochen. Durch ein Sieb passieren. Das Preiselbeerpüree mit dem Zucker weitere 10 Minuten kochen.
Die Orangenschale einrühren und das Gelee in einer Form erstarren lassen. Zum Servieren die Form kurz in heißes Wasser tauchen, umdrehen und auf eine Servierplatte stürzen. Nach Wunsch mit etwas Orangenschale dekorieren.
Preiselbeeren sind eine beliebte Zugabe zu Truthahn. Es gibt unzählige Rezepte für Preiselbeersaucen. Zitrusfrüchte geben den Preiselbeeren ein besonders feines Aroma. Neben der klassischen Sauce Cumberland mit Orangen empfiehlt die Autorin eine Mischung von Preiselbeerkompott mit der Schale und dem Saft einer rosa Grapefruit. Diese Sauce eignet sich auch sehr gut für Desserts mit Topfen- oder Vanillecreme.

Pecan Pie with Old-fashioned Maple Ice Cream
Pekannusskuchen mit hausgemachter Ahornsirup-Eiscreme

Teig
125 g Weizenmehl
1 Prise Salz
60 g Schmalz oder Kokosfett
30 g Butter
3 EL eiskaltes Wasser
100 g getrocknete Hülsenfrüchte zum Blindbacken

Mehl mit Salz vermischen und mit dem Schmalz oder Kokosfett und der Butter verbröseln. Rasch arbeiten, damit der Teig nicht speckig wird. Das Eiswasser zügig einkneten, den Teig zu einer Kugel formen und 30 Minuten rasten lassen.
Das Rohr inzwischen auf 200 °C vorheizen. Eine runde Backform buttern. Einen Kreis Backpergament im Durchmesser der Backform zuschneiden. Den Teig etwa 0,5 cm dick auf einer bemehlten Unterlage ausrollen, mit dem Nudelholz aufheben und über der Form locker abrollen. Die Form mit dem Teig auslegen, überstehenden Teig 1,5 cm über dem Rand der Form abschneiden und zu einer doppelten Seitenwand einschlagen. Den Teig gut festdrücken, ohne ihn zu verletzen.
Die gebutterte Backpergamentscheibe auf den Teigboden legen und mit den Hülsenfrüchten bestreuen. Diese Technik heißt blindbacken und verhindert ein Blasenwerfen des Teiges während des Backens. Den Teigboden 8 Minuten auf mittlerer Schiene vorbacken.

Belag
4 ganze Eier
500 ml dunkler Zuckersirup oder 350 g brauner Rohrzucker bzw. Honig
30 g Butter, zerlassen
1 Prise Zimt
1 TL Vanilleessenz oder 3 Pakete Bourbon-Vanillezucker
350 g Pekannüsse, ganz

Die Eier schlagen, bis die Masse eine hellgelbe Farbe annimmt und in breiten Bändern vom Löffel rinnt. Den Sirup langsam unter stetigem Rühren beimengen und gut einarbeiten. Es darf keine Sirupschlieren geben. Nach und nach die Butter, Zimt und Vanille einrühren.

Die Masse auf den vorgebackenen Teigboden gießen und glattstreichen. Die Nüsse gleichmäßig verteilen. Auf mittlerer Schiene 35–40 Minuten backen, bis die Füllung fest zu werden beginnt. Die Backzeit hängt nicht zuletzt von der Eiergröße ab. Wird der Kuchen schon sehr braun und ist dennoch etwas klebrig, dann aus dem Rohr nehmen. Die Füllung härtet beim Abkühlen etwas aus, und der Kuchen muss nicht unbedingt sehr fest sein.

Ahornsirup-Eiscreme

3 EL Zucker
3 Dotter
125 ml Ahornsirup
1 Vanilleschote
750 ml Obers
1 Prise Salz

Zucker und Dotter in einem kleinen Schneekessel oder einer feuerfesten Schüssel mit möglichst rundem Boden im heißen Wasserbad schlagen, bis die Dotter in einem sehr dicken Band vom Löffel fließen. Vom Feuer nehmen und den Ahornsirup portionsweise einrühren.
Die Vanilleschote mit 250 ml Obers und dem Salz vorsichtig erhitzen, jedoch nicht bis zum Siedepunkt, um ein Gerinnen zu vermeiden.
Den Topf vom Feuer nehmen. Die Vanilleschote längs aufschlitzen, das Mark sorgfältig ausschaben und in das Obers einrühren. Die Dottermischung mit dem Vanilleobers verrühren. Restliches Obers einrühren und die Mischung in einer Eismaschine gefrieren lassen. Steht keine Eismaschine zur Verfügung, stellt man die Eismasse in einem Schneekessel in ein Eisbad. Rühren verhindert Eiskristalle.
Den Pekannusskuchen auf Desserttellern mit Eiscreme und einigen Nüssen anrichten. Mit Zimtzucker bestreuen.

Cranberry Cream Bowl
Alkoholfreier Preiselbeercocktail

750 ml Preiselbeersaft
600 ml naturtrüber Apfelsaft
300 ml Limettensaft, frisch gepresst
150 ml Kokoscreme aus der Dose
6 ml Grenadinesirup

Alle Zutaten portionsweise mit Eis im Mixer cremig rühren. Mit Gänseblümchen garniert servieren.

Thanksgiving Bowl
Erntedankbowle

500 g Beeren der Saison
50 g Staubzucker
24 cl Weinbrand
24 cl Cointreau
24 cl Grand Marnier
2 Flaschen guter Weißwein
2 Gläser Soda

Die Früchte mit Zucker, Weinbrand, Cointreau und Grand Marnier mindestens 2 Stunden im Kühlschrank ziehen lassen. Mit Wein und Soda aufgießen.

Christmas Dinner
Weihnachten in den Südstaaten

Holiday Eggnogg
Weihnachtsbowle

Palace Court Salad
Hummerkrabbensalat

Creole Duck with Cornbread Stuffing & Vegetable Wild Rice Galette
Kreolische Ente mit Maisbrotfüllung und Gemüse-Wildreis-Galette

Mincemeat Pies with Brandybutter
Fruchttörtchen mit Cognacbutter

Bayou Special Nesselrode Pudding
Maroniauflauf nach Art des Hauses

Café Brûlot
Kreolischer Kaffee mit Likör

Apple Toddy
Apfelweinpunsch

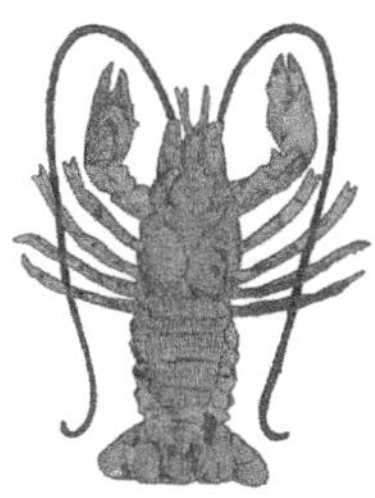

Christmas
Weihnachten in den Südstaaten

Louisiana war unter den ersten Staaten Nordamerikas, die Weihnachten zu einem gesetzlichen Feiertag erklärten. Allerdings waren die Feierlichkeiten eher von gesellschaftlichen als von religiösen Motiven geprägt. Die Menschen genossen die willkommene Pause nach den langen heißen Monaten der Feldarbeit.

In den USA fungiert *Santa Claus* als Weihnachtsmann, jener 1931 für Coca-Cola entworfene dicke, freundliche alte Mann im roten Gewand mit Hermelinbesatz, begleitet von *Rudolph*, dem rotnasigen Rentier, das den Schlitten zieht. Da sich dies für die Sümpfe Louisianas wenig eignet, lenkt der *Cajun Père Noël* eine von Alligatoren gezogene Piroge.

Die 12 Tage nach dem 25. Dezember – ein Tag für jeden Monat des Jahres – sind ganz den Festlichkeiten gewidmet und gehen mit der *Twelfth Night Revelers Parade* nahtlos in den Karneval über.

Die klassischen Weihnachtsfarben sind Dunkelgrün, Dunkelblau und Weinrot mit Gold. Dazu kommen Stechpalmenzweige, Misteln und vergoldete Nüsse. In Louisiana schmückt man die Häuser zusätzlich mit der regionalen Fauna und Flora: Blüten, Blätter und Beeren im Süden, Seetiere und Muscheln an der Küste. In besonders heißen Gegenden ersetzen dekorierte Kakteen den Weihnachtsbaum.

Wie überall in den USA hängen die Menschen auch in Louisiana am Weihnachtsabend Socken in den Kamin, obwohl die Geschenke längst keinen Platz mehr darin finden.

Zu Weihnachten biegen sich die Tische unter Meeresfrüchten, würzigen Schinken, maisbrotgefülltem Geflügel, Pastetchen mit Trockenfrüchten, Süßkartoffelkuchen, feinen Desserts, Pralinen und alkoholischen Getränken.

Unser Weihnachtsmenü sättigt 6–8 Personen und macht ebenso viele betrunken. Für die Kinder bereitet man einen Teil der Weihnachtsbowle ohne Alkohol; für den Apfelpunsch nimmt man statt Apfelwein Apfelsaft.

Holiday Eggnogg
Weihnachtsbowle

10 Eier, getrennt
75 g Feinkristallzucker
1 l eiskaltes Obers
2 EL Staubzucker
1 Flasche Whiskey
3/8 l Jamaica-Rum
1/2 l kalte Milch
Schale einer unbehandelten Zitrone
Schale einer unbehandelten Orange
1 Prise Zimt, gemahlen
Muskatnuss, frisch gerieben

In einem Schneekessel die Eiklar mit 75 g Zucker dick schaumig schlagen. In einem zweiten Kessel die Dotter hellgelb schlagen. Den Eischnee einrühren und gründlich vermischen.
Das Obers mit 2 EL Staubzucker in einem großen Bowlegefäß auf doppeltes Volumen aufschlagen. Die Eiermischung unter stetigem Rühren in das Obers mischen. Ohne mit dem Rühren aufzuhören, Whiskey, Rum und die kalte Milch zugießen. Die Masse sollte mittlerweile dicklich sein. Zitronenschale, Orangenschale, Zimt und Muskat über den Eggnogg streuen und das Gefäß mindestens 2 Stunden, besser über Nacht, kühlen. Dabei dickt die Bowle weiter ein.

Palace Court Salad
Hummerkrabbensalat

700 g rohe Hummerkrabben ohne Schale und Darm
6–8 Artischockenböden
6–8 Tomatenscheiben
6–8 große Eisbergsalatblätter, in Streifen geschnitten
500 ml Mayonnaise
6 EL Chilisauce oder Hot Ketchup
6 EL Petersilie, gehackt
2 EL Schnittlauch, gehackt
2 TL Zitronensaft
2 EL frischer Estragon, gehackt (ersatzweise 1 TL getrockneter)
je 1 Prise Salz und weißer Pfeffer, frisch gemahlen
3–4 Eier, hart gekocht, gehackt
6–8 Streifen Pimiento-Chilis

Die Hummerkrabben in kochendem Salzwasser etwa 5 Minuten rosa blanchieren. In kaltem Wasser abschrecken, abtrocknen und kühl stellen. Die Mayonnaise mit Chilisauce, Zitronensaft, Petersilie, Schnittlauch und Estragon vermischen, mit Salz und Pfeffer abschmecken.
Die Hummerkrabben bis auf 6–8 Stück mit der Mayonnaisemischung überziehen. Den Salat auf gekühlten Vorspeisentellern in einer dünnen Schicht anrichten. Je eine Tomatenscheibe darauflegen, darauf die Artischockenböden setzen. Die Hummerkrabben-Mayonnaisemischung in die Artischockenböden füllen. Den sichtbaren Salatrand mit dem gehackten Ei bestreuen. Jeden Teller mit einer Hummerkrabbe und einem Streifen Pimiento dekorieren. Mit Baguette und gut gekühltem Weißwein servieren.
Anstelle der Hummerkrabben werden häufig Garnelen oder Königskrabben verwendet und der Salat mit Königskrabbenbeinen garniert.

Creole Duck with Cornbread Stuffing & Vegetable Wild Rice Galette
Kreolische Ente mit Maisbrotfüllung und Gemüse-Wildreis-Galette

Füllung
260 g feines Maismehl
110 g Weizenmehl
1 TL Backpulver
1/2 TL Salz
2 Eier
250 ml Buttermilch
500 ml Milch
1,5 EL Butter

Das Backrohr auf 180 °C vorheizen. Maismehl, Weizenmehl, Backpulver und Salz in eine große Schüssel sieben. Die Eier mit einer Tasse Milch verquirlen und gemeinsam mit der Buttermilch in die Mehlmischung rühren. Die Butter in einer einer runden Backform schmelzen. Den Teig zusammen mit der restlichen Milch in die Pfanne gießen ohne umzurühren.
Auf mittlerer Schiene etwa 50 Minuten backen.

Fleisch
2 Enten
1 Prise Salz und schwarzer Pfeffer, frisch gemahlen
6 EL Butter
1 TL Cayenne
200 ml Balsamessig
500 g Honig
2 Knoblauchzehen
4–5 Zweige Thymian
2–3 EL Worcestershiresauce
125–140 ml Grand Marnier

Das Backrohr auf 200 °C vorheizen.
Die Enten innen und außen kräftig salzen und pfeffern. Mit der Maismehlmasse füllen. Mit Küchengarn oder kleinen Rouladenspießchen schließen. 120 Minuten braten.

Die Butter zerlassen. Cayenne, Essig, Honig, gehackten Knoblauch, Thymian, Worcestershiresauce und Grand Marnier hinzufügen. Bei schwacher Hitze 7 Minuten kochen.
Die Hitze im Rohr auf 180 °C reduzieren. Die Sauce über die Enten gießen und 15 Minuten weiterbraten, bis die Enten eine goldbraune knusprige Haut bekommen. Die Enten aus der Pfanne nehmen und im abgeschalteten Rohr 10 Minuten rasten lassen. Das überschüssige Fett von der Bratensauce abschöpfen. Den Bratensaft etwas einkochen lassen. Die Enten jeweils in die Hälfte teilen und anrichten.

Galette
1 große Zwiebel, fein gehackt
1 kleine Stange Sellerie, fein gehackt
1 kleine grüne Paprikaschote, fein gehackt
45 g Butter
1 Msp getrockneter Thymian
1 Prise getrockneter Oregano
je 1 Prise schwarzer und weißer Pfeffer, frisch gemahlen
120 g Wildreis, gekocht
1 große Pkg Strudelteigblätter
100 g Butter
2 EL Petersilie, gehackt

Zwiebel, Sellerie und Paprikaschote in der Butter weich dünsten, dabei leicht bräunen lassen. Kräftig mit Thymian, Oregano und Pfeffer würzen und mit dem Wildreis vermischen.
Das Rohr auf 150 °C vorheizen. Ein Backblech fetten oder mit Backpergament belegen. Je 4 Lagen Strudelteigblätter mit zerlassener Butter bestreichen, übereinanderlegen und halbieren. Jede Hälfte in 5 Streifen schneiden. Die Streifen kreuzweise überlappend in gefettete Metallförmchen von 5 cm Durchmesser legen.
Die Füllung in die mit Teig ausgelegten Förmchen gießen und die überlappenden Teigränder über die Füllung klappen. Auf mittlerer Schiene 10 Minuten goldbraun backen.
Wenn die Galettes zusammen mit der Ente gebacken werden, sollte man die Förmchen vor der Hitze mit Folie schützen. Dabei ein paar Löcher in die Folie stechen, damit die Flüssigkeit verdampfen kann. In den letzten Minuten der Backzeit die Folie entfernen.
Zum Servieren werden die Enten mit einer Geflügelschere geteilt und mit der Maismehlfüllung möglichst dekorativ auf vorgewärmten Tellern

angerichtet. Die Galettes vorsichtig aus den Förmchen lösen und auf die Teller setzen. Zuletzt etwas Bratensaft zugießen. Der restliche Bratensaft wird getrennt in einer Sauciere gereicht.
Sollte Fleisch übrig sein, lässt sich daraus ein feines *Filé Gumbo* nach dem Rezept des *Chicken Gumbo* im Mardi-gras-Menü zubereiten.

Mincemeat Pies
Fruchttörtchen

Belag
2 EL Butter
6 EL blaue kernlose Rosinen
3 EL Korinthen
2 EL Mandeln, grob gehackt
1 EL kandierte Zitrone, grob gehackt
1 EL kandierte Orange, grob gehackt
1 EL getrocknete Feigen, grob gehackt
1 kleiner Kochapfel, geschält und gewürfelt
3 EL Zucker
1 Prise Zimt
1 Prise Piment
1 Prise Muskatnuss
1 kleine Prise gemahlene Nelken
125 ml Weinbrand
1 kleines Glas heller trockener Sherry

Die Früchte und Nüsse mit der Butter und den Gewürzen in einer großen Schüssel sorgfältig mischen. Den Weinbrand und den Sherry zugießen und die Masse mit einem Holzlöffel gut verrühren.
Die Schüssel zudecken und an einem kühlen Ort, jedoch nicht im Kühlschrank, mindestens 3 Wochen ziehen lassen.
Einmal pro Woche kontrollieren. Von den Früchten aufgesogene Flüssigkeit durch Sherry ersetzen.
Das Mincemeat hält monatelang. Es kann in größeren Mengen hergestellt und als Füllung für Kuchen und Kekse verwendet werden. In ein hübsches Glas verpackt, eignet es sich auch als kleines Geschenk für backfreudige FreundInnen und Verwandte.

Teig
90 g Butter
30 g Schmalz
150 g Weizenmehl
1 Prise Salz
15 g Zucker
3–4 EL Eiswasser

Das Backrohr auf 200 °C vorheizen. 8 Tartelletteförmchen von 6 cm Durchmesser sorgfältig fetten.
Butter, Schmalz, Mehl, Salz und Zucker in einer großen Schüssel zügig verbröseln. Mit Eiswasser rasch zu einem glatten Teig verkneten. Zugedeckt 1 Stunde kühlen.
Den Teig ausrollen und 16 Kreise mit ca. 7 cm Durchmesser ausstechen. Die Förmchen mit dem Teig auslegen. Die Füllung gleichmäßig auf die Tartelettes verteilen. Die Teigränder mit kaltem Wasser befeuchten und die übrigen Teigscheiben als Deckel aufsetzen.
Die Teigränder mit den Zinken einer Gabel dekorativ festdrücken. Überschüssigen Teig mit einem scharfen Messer abschneiden. Zwei kleine Einschnitte in jeden Teigdeckel machen.
Die Förmchen auf mittlerer Schiene 10 Minuten backen. Die Hitze auf 175 °C reduzieren und die Törtchen weitere 20 Minuten goldbraun backen.
Mit einem spitzen Messer die Törtchen an den Rändern etwas lockern und in den Förmchen abkühlen lassen. Nach dem Erkalten die Pies mit einer schmalen Spachtel vorsichtig aus den Förmchen heben.

Brandybutter
60 g Butter
110 g Feinkristallzucker
3 EL Cognac
Vanilleessenz

Die weiche Butter, Zucker, Cognac und Vanilleessenz mit dem Mixer glatt rühren. Mindestens 4 Stunden im Kühlschrank ziehen lassen.
Die *Mincemeat Pies* werden auf einem großen Teller serviert, die Brandybutter kommt in eine dekorative Schale und wird mit einem kleinen Tafelmesser kurz vor dem Verzehr auf die Pastetchen gestrichen. Brandybutter lässt sich mit geriebener Orangen- oder Zitronenschale variieren und kann vor dem Servieren mit frisch geriebener Muskatnuss bestreut werden.

Bayou Special Nesselrode Pudding
Maroniauflauf nach Art des Hauses

150 g eingelegte Kirschen
100 ml Maraschino
4 Dotter
225 g Zucker
750 ml Obers
250 g Kastanienpüree
Vanilleessenz
1 TL Öl

Die Kirschen gut abtropfen lassen und 30 Minuten im Maraschino ziehen lassen.

Dotter mit dem Mixer hellgelb schlagen, bis die Masse in breiten Bändern vom Quirl rinnt. Danach 175 g Zucker portionsweise einarbeiten und die Mischung weiterschlagen, bis die Masse leicht andickt und im breiten Band von einem Löffel fließt.

500 ml Obers auf kleiner Flamme unter häufigem Rühren erhitzen, bis am Rand kleine Blasen aufsteigen. Das heiße Obers vorsichtig in die Eimischung einrühren.

Die Masse am besten im Wasserbad in einem Schneekessel auf kleiner Flamme unter ständigem Rühren vorsichtig erhitzen, bis sie eine cremige Konsistenz annimmt, jedoch nicht kochen, da sonst das Ei gerinnt. Vom Herd nehmen.

Das Kastanienpüree mit dem Maraschino und den Früchten sowie der Vanilleessenz sorgfältig vermischen und in die Obersmasse einrühren. Im Kühlschrank etwa 30 Minuten erkalten lassen.

Das verbliebene Obers halbfest schlagen. Den restlichen Zucker einarbeiten und weiterschlagen, bis das Obers steif wird. Unter die Maronimasse heben.

Eine Auflaufform mit Öl fetten. Die Masse einfüllen, gut abdecken und mindestens 6 Stunden im Kühlschrank fest werden lassen.

Mit einem scharfen Messer am Rand der Form entlangfahren, den Boden der Form kurz in heißes Wasser tauchen, eine kalte Servierplatte auf die Form legen und den Auflauf stürzen. Die Form auf dem Tisch aufklopfen, damit der Pudding herausgleitet.

Garnitur

100 ml Obers
1 EL Staubzucker
kandierte Kastanien oder Kirschen

Das Obers mit dem Zucker steif schlagen. Mit einer Konditorspritze Rosetten auf den Pudding spritzen. In jede Rosette eine kandierte Kastanie oder Kirsche setzen.
Falls genügend Puddingförmchen zur Verfügung sind, kann man die Puddingmasse auch in Portionen abfüllen und erstarren lassen.

Café Brûlot
Kreolischer Kaffee mit Likör

14 Zimtstangen, gebrochen
2 EL ganze Gewürznelken
2 EL Zucker
1 unbehandelte Orange
130 ml Grand Marnier
6 EL Cognac
1 l heißer, starker Kaffee

Zimt, Nelken und Zucker in eine Brûlotschale oder eine Schüssel aus rostfreiem Stahl geben.
Die Orange spiralförmig in einem Stück schälen, dabei die Schale an einem Ende an der Frucht belassen. Die Orangenschale mit den Nelken spicken, die Schale um die Orange wickeln und in die Brûlotschale setzen. 125 ml Grand Marnier und 4 EL Cognac hinzufügen. Die Schale auf eine Flamme setzen und erwärmen.
1 EL Grand Marnier und 1 EL Cognac in einen rostfreien Schöpflöffel gießen und anzünden. Mit der anderen Hand die Orange an einer Gabel aus der Brûlotschale heben und so halten, dass die Orangenschale in die brennende Flüssigkeit hängt.
Licht dämpfen und die brennende Flüssigkeit an der Orangenschale entlang herunterlaufen lassen. Den Löffel zweimal in die brennende Flüssigkeit tauchen und wie oben verfahren.
Sobald das Feuer erlischt, Kaffee in die Schale gießen. Die Orange entfernen und den Kaffee servieren.

Apple Toddy
Apfelweinpunsch

2 l Apfelwein
2 Stangen Zimt
5 ganze Nelken
Muskatnuss oder 1/2 TL Piment, gemahlen
Saft von 2 Zitronen
Saft von 3 Orangen
1 große unbehandelte Zitrone in Scheiben
1 große unbehandelte Orange in Scheiben
250 ml Apfelschnaps
2 EL brauner Rohrzucker

Apfelwein mit Zimt, Nelken, Muskatnuss, Orangen- und Zitronensaft sowie den Zitronen- und Orangenscheiben in einem großen Topf aufkochen. Bei reduzierter Hitze 20 Minuten sanft kochen lassen. Den Apfelschnaps und den Zucker hinzufügen und weitere 3 Minuten erhitzen.

New Years Eve
Neujahrsmenü

Cajun Martini
Cajun-Cocktail

Marinierte Okraschoten
Pickled Okra

Cajun Popcorn
Knusprig-würzige Garnelen

Cheddar Cheese Soup
Käsesuppe

Cajun Roastbeef
Rinderbraten nach Cajun-Art

Black Eyed Pea Stew
Ragoût aus Schwarzaugenbohnen

Bananas Foster
Flambierte Bananen mit Vanilleeis

Brandy Punch
Brandypunsch

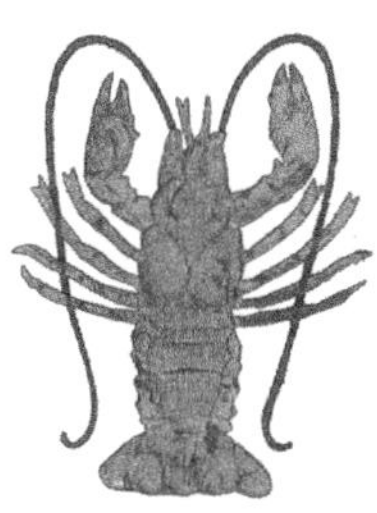

New Years Eve
Neujahrsmenü

Das Neue Jahr wird wie überall auch in Louisiana feuchtfröhlich begrüßt. Früher fanden auf den großen Plantagen rauschende Feste statt – Demonstrationen der Macht und des Reichtums. Alles, was Rang und Namen hatte, war eingeladen, um nach einem luxuriösen Abendessen bei Punsch und Feuerwerk in das neue Jahr zu tanzen. Die Silvesternacht war und ist ein beliebter Anlass, das Durchhaltevermögen der Freunde beim Tanzen und Trinken zu testen.
Ein Gericht mit Schwarzaugenbohnen, die man in den Südstaaten sehr schätzt, gehört unbedingt zu diesem Menü, bringt es doch Glück für das kommende Jahr.
Das Neujahrsmenü bietet 6–8 Personen eine gute Unterlage für eine lange Nacht.

Cajun Martini
Cajun-Cocktail

4 Chilischoten
750 ml Wodka
45 ml trockener Martini
marinierte Okraschoten

Die Chilischoten halbieren und die Samen entfernen. Chilischoten, Wodka und Martini in eine gut verschließbare Flasche füllen und 2 Tage kühl lagern. Den Martini in Cocktailschalen mit kleinen eingelegten Okraschoten (siehe unten) servieren.

Pickled Okra
Marinierte Okraschoten

250 g kleine Okraschoten
1 EL gelbe Senfkörner
2 EL Öl
100 ml Weißweinessig
1 TL schwarze Pfefferkörner
1 Lorbeerblatt
1 TL Piment
1 Zwiebel, in dünne Ringe geschnitten
3 Knoblauchzehen, gehackt
Salz nach Belieben

Die Okraschoten waschen und die Stängel abschneiden.
Die Senfkörner in Öl braten, bis sie zu springen beginnen. Mit dem Essig, Pfefferkörnern, Lorbeer, Piment, der Zwiebel, dem Knoblauch und Salz in einem großen Topf auf großer Flamme aufkochen. Die Okraschoten hinzufügen und etwa 20 Minuten bissfest kochen.
8 Stunden im Kühlschrank ziehen lassen. Der Schleim der Okraschote gibt der Marinade die charakteristische gallertartige Konsistenz.
In Louisiana sind marinierte Okraschoten eine beliebte Vorspeise oder Beilage. Es empfiehlt sich, gleich eine größere Menge zuzubereiten. Man füllt sie einfach noch heiß mit der Marinade in dicht verschließbare Gläser und lagert sie kühl und dunkel. Sie sind mindestens 3 Monate haltbar.

Cajun Popcorn
Knusprig-würzige Garnelen

750 g rohe Garnelen
40 g feines Maismehl
120 g Weizenmehl
1 Prise Backpulver
1 Prise Cayenne
1 Prise getrockneter Oregano
1 Prise getrockneter Thymian
1 Prise getrocknetes Basilikum
1 Prise Selleriesalz
1 Ei
250 ml Milch
Öl zum Frittieren
Zitrone in Scheiben

Die Garnelen schälen, den Darm entfernen, waschen und mit Küchenpapier trocken tupfen.
Das Mehl mit Backpulver und den Gewürzen vermischen. Das Ei mit der Milch verquirlen und mit der Mehlmischung zu einem glatten Teig verrühren. 30 Minuten kühl rasten lassen.
Das Rohr auf 175 °C vorheizen. Die Garnelen in den Teig tauchen und portionsweise im nicht zu heißen Öl goldgelb backen. Überschüssiges Fett mit Küchenkrepp abtupfen.
Die fertigen Garnelen bis zum Servieren im Rohr warm halten. Mit Zitronenscheiben garnieren.
Für dieses Rezept eignen sich auch Flusskrebsschwänze. Sie werden nur 2 Minuten lang gebacken.

Cheddar Cheese Soup
Käsesuppe

30 g Butter
1 kleine Zwiebel, fein gehackt
1 kleine Karotte, fein gehackt
1 kleine Stange Sellerie, fein gehackt
1 kleine grüne Paprikaschote, fein gehackt
3 EL Mehl
1 l gute Hühnersuppe
250 g Cheddar, gerieben
300 ml Obers oder Milch
1 Prise weißer Pfeffer, frisch gemahlen
Muskatnuss, frisch gerieben

Die Butter in einem Topf schmelzen. Zwiebel, Karotte, Sellerie und Paprikaschote in der Butter 6–8 Minuten dünsten, bis das Gemüse weich, aber nicht braun ist. Mit Mehl stauben und noch eine Minute weiterrühren.
Die Suppe dazugießen und mit einer Schneerute kräftig rühren, bis die Mischung andickt. Hitze reduzieren und halb zugedeckt unter gelegentlichem Rühren 10 Minuten schwach kochen lassen. Vom Feuer nehmen.
Den geriebenen Käse portionsweise in der Suppe schmelzen lassen. Obers einrühren und kurz erwärmen, ohne die Flüssigkeit aufzukochen. Mit Pfeffer und Muskat abschmecken.

Cajun Roastbeef
Rinderbraten nach Cajun-Art

2 Rippenstücke vom Rind mit jeweils 3 Koteletts
1 Stange Sellerie
1 grüne Paprikaschote
1 große Zwiebel
6 Knoblauchzehen
3 EL Butter
2 EL getrockneter Thymian
1 EL getrockneter Oregano
1 EL Cayenne
1 Prise Salz
je 1 Prise schwarzer und weißer Pfeffer, frisch gemahlen
60 g Semmelbrösel
4 Lorbeerblätter
125 ml trockener Weißwein

Das Backrohr auf 190 °C vorheizen.
In den dicksten Teil der Fleischstücke mit einem scharfen Messer jeweils eine Tasche schneiden. Sellerie, Paprika, Zwiebel und 3 Knoblauchzehen fein hacken und in der Butter goldbraun anbraten. Mit Thymian, Oregano, Cayenne und Pfeffer würzen und die Semmelbrösel einrühren. Die Mischung in die Taschen des Fleisches füllen.
Restliche Knoblauchzehen vierteln und mit Salz vermengen, Lorbeerblätter zerteilen. Die Bratenstücke an mehreren Stellen mit einem schmalen Messer einschneiden. Knoblauch und Lorbeer in die Einschnitte stecken. Das Fleisch kräftig pfeffern.
Das Fleisch auf einem tiefen Backblech mit 125 ml Wasser und dem Weißwein ca. 90 Minuten braten. Gelegentlich mit dem Bratensaft übergießen.
Fleisch vor dem Servieren 15 Minuten rasten lassen. In dieser Zeit den Bratensaft in einem kleinen Topf bei großer Hitze einkochen und entweder vor dem Servieren über die einzelnen Portionen gießen oder getrennt in einer Sauciere reichen. Klassische Beilage ist Reis.

Black Eyed Pea Stew
Ragoût aus Schwarzaugenbohnen

100 g getrocknete Schwarzaugenbohnen
50 g magerer Speck
1 Stange Sellerie, gehackt
1 grüne Paprikaschote, gehackt
1 Zwiebel, gehackt
125 ml Hühnersuppe
1 Schuss Balsamessig
1 Prise Rohrzucker
1 Lorbeerblatt
1 Prise Salz
1 Prise schwarzer Pfeffer, frisch gemahlen

Die Bohnen waschen. Den Speck in 0,5 cm große Würfel schneiden und in einem schweren Topf anbraten. Sellerie, Paprikaschote und Zwiebel hinzufügen und unter häufigem Rühren etwa 3 Minuten braten. Bohnen, Suppe, Essig, Zucker, Lorbeer, Salz und Pfeffer hinzufügen, den Topf verschließen und das Ragoût 1 Stunde auf kleiner Flamme kochen lassen. 2 Tassen Wasser hinzufügen und das Ragoût eine weitere Stunde kochen.

Bananas Foster
Flambierte Bananen mit Vanilleeis

6 Bananen
3 TL Zimt, gemahlen
3 TL Zucker
5 EL Butter
100 g brauner Rohrzucker
80 ml dunkler Rum
80 ml Bananenlikör
6 Kugeln Vanilleeis

Den Zimt mit dem weißen Zucker vermischen. In einer flachen Pfanne die Butter mit dem braunen Zucker zerlaufen lassen. Die geschälten und längs halbierten Bananen in der Pfanne 1 bis 2 Minuten erwärmen. Die Pfanne vom Feuer nehmen, den Rum zugießen, die Pfanne wieder auf die Flamme stellen und den Rum anzünden. Den Zimt-Zucker-Mischung auf die Flamme streuen.
Sobald das Feuer ausgeht, die Pfanne vom Herd nehmen, Bananenlikör zugießen, die Pfanne auf das Feuer zurückstellen und den Likör anzünden. Die Sauce gut verrühren.
Je eine Kugel Vanilleeis in eine Dessertschale setzen, mit den Bananen belegen und der Sauce übergießen und sofort servieren.

Brandy Punch
Cognac-Punsch

45 ml Cognac
1 EL Zuckersirup
6 Tropfen Vanilleessenz
60 ml Obers
60 ml Milch
Muskatnuss, frisch gerieben

Cognac, Zuckersirup, Vanilleessenz, Obers und Milch im Mixer auf Eis schaumig mixen. In ein gekühltes Glas auf Eis gießen. Mit geriebener Muskatnuss bestreut servieren.

The Long Journey Up the Glory Road
Cocktailparty in New Orleans

Roseblossom Bowl
Rosenblütenbowle

Crab Louis Salad
Krabbensalat

Greenshell Mussels with Sauce Remoulade
Grünschalenmuscheln mit Remouladensauce

Crab Puffs
Krabbenbällchen

Cranberry Orange Glazed Ham
Schinken mit Preiselbeer-Orangen-Glasur

Blueberry Muffins with Maple Syrup
Heidelbeermuffins mit Ahornsirup

Black Veils
Schwarze Schleier

Café Brûlé
Cognacpunsch mit Kaffee

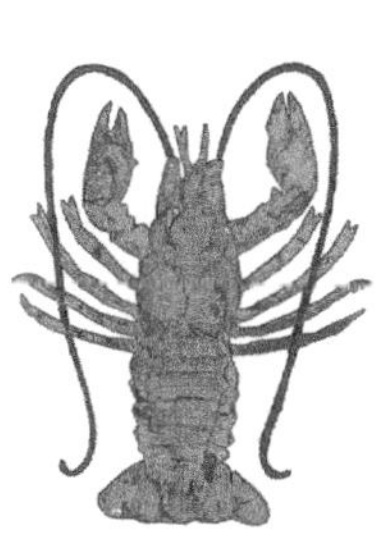

The Long Journey Up the Glory Road
Cocktailparty in New Orleans

Die Bewohner und Bewohnerinnen von New Orleans kosten selbst den Tod aus. Das zeigen die außergewöhnlichen Begräbnisfeierlichkeiten, wie sie im weltberühmten Jazzstück *New Orleans Function* festgehalten sind – insbesondere in der Version von Louis Armstrong. Von der unendlich traurigen Anfangssequenz geht die Musik unvermittelt in einen fröhlichen Marsch über.

Die afroamerikanische Bevölkerung legt besonders viel Wert auf ein stattliches Begräbnis, für das man jahrzehntelang spart. Gehörte der Verstorbene gar mehreren Vereinen an, dann fallen die Feierlichkeiten besonders glanzvoll aus. Tagelang wird der Leichnam, umkränzt von Geranien oder Efeu, aufgebahrt und betrauert. Während der Totenwache steht der Sarg für gewöhnlich offen. Innen ist eine kleine Lampe angebracht, und eine Uhr zeigt den Todeszeitpunkt an.

Anzahl der Redner und Länge der Reden zeigen die Beliebtheit und den gesellschaftlichen Rang des Verstorbenen. Die Vortragenden werden von der Trauergesellschaft häufig durch Klageschrei unterbrochen, begleitet von Psalmen und Liedern.

Findet die Totenwache im Haus des Toten statt, so gibt es Kaffee und kleine Snacks – besonders gerne mit Schinken oder Huhn – und auch alkoholische Getränke. Das große Menü findet nach der Trauerfeier statt. Der Leichnam, der neue Schuhe für die lange Reise trägt, muss immer Richtung Osten begraben werden. Liegt er gegen Westen, fährt er mit Sicherheit zur Hölle. So rächen sich hin und wieder Angehörige an ungeliebten Verwandten. Wer an einem Sonntag stirbt und sogleich begraben wird, dem ist eine Karriere als Engel sicher.

Nachdem die Verwandten ein kleines Stück Ziegel als letzten Abschiedsgruß in die Grube geworfen haben, tritt der Trauerzug den Rückweg an. Die Musik wechselt in fröhlichem Swing, und die Tränen trocknen auf den lachenden Gesichtern der Trauergäste.

Die Rezepte stärken, wenn nicht anders angegeben, jeweils 6–8 Trauergäste. Die Speisen lassen sich sehr gut vorbereiten und sind daher auch für eine Cocktailparty geeignet.

Roseblossom Bowl
Rosenblütenbowle

50 g ungespritzte Rosenblätter
5 EL Staubzucker
5 EL Cognac
1 unbehandelte Limette
1 Flasche Weißwein
1 Flasche Sekt

Einige Blütenblätter beiseitelegen und bis zur Verwendung fest verschlossen im Kühlschrank aufbewahren. Die restlichen Blätter in einer mittelgroßen Schüssel kräftig zerquetschen. Staubzucker darüberstreuen. Den Cognac darübergießen und sorgfältig umrühren. Die Mischung gut zugedeckt über Nacht ziehen lassen.
Am nächsten Tag die Blätter in eine große Schüssel abseihen, dabei die Blätter ausdrücken. Die Limette in sehr dünne Scheiben schneiden und zum Cognacansatz geben. Mit Wein und Sekt aufgießen und die beiseitegelegten Rosenblütenblätter darüberstreuen.

Crab Louis Salad
Krabbensalat

750 g Krabbenfleisch, gegart
250 ml Mayonnaise
130 ml Obers, geschlagen
60 ml Chilisauce
2 EL Zwiebel, gerieben
1 Prise Cayenne
je 1 Prise Salz und weißer Pfeffer, frisch gemahlen
1 Kopfsalat, in Streifen geschnitten
2 Eier, hart gekocht und in Scheiben geschnitten
2 kleine Tomaten, in Scheiben geschnitten

Die Mayonnaise mit geschlagenem Obers, Zwiebel, Chilisauce und Cayenne verrühren und mit Salz und Pfeffer abschmecken. Das Krabbenfleisch auf den Salatblättern anrichten und mit der Chili-Mayonnaise übergießen. Mit Ei und Tomate garnieren.

Greenshell Mussels with Sauce Remoulade
Grünschalenmuscheln mit Remouladensauce

800 g frische Grünschalenmuscheln in der Halbschale
200 ml gutes Öl
1 Dotter
3 TL Senf
2 TL Zitronensaft
1 kräftige Prise weißer Pfeffer, frisch gemahlen
1 kräftige Prise Salz
1 Prise brauner Rohrzucker
1 Spritzer Worcestershiresauce
1 EL Kapern, abgespült und fein gehackt
1 Ei, hart gekocht und fein gehackt
1 EL frischer Estragon, fein gehackt, ersatzweise 2 TL getrockneter Estragon, zerrieben
1 EL Petersilie, fein gehackt
2 Spritzer Tabasco
1 Salatkopf
1 Zitrone, in schmale Scheiben geschnitten
1 Prise Cayenne

Dotter und Öl auf Zimmertemperatur bringen. In einem hohen schmalen Gefäß Dotter, Senf, Zitronensaft, Pfeffer, Salz, Rohrzucker und Worcestershiresauce kräftig verrühren. Anfangs das Öl tropfenweise, sobald die Sauce zu binden beginnt, in sehr dünnem Strahl unter stetem kräftigen Rühren einarbeiten.
Kapern, hart gekochtes Ei, Estragon, Petersilie und Tabasco in die Mayonnaise einrühren.
Die Muscheln unter fließendem Wasser kräftig spülen und die Schalen gut säubern.
Auf einer ovalen Servierplatte aus den Salatblättern ein Bett anrichten. Die Muscheln auf dem Salatbett anrichten. Mit der Sauce überziehen und mit Zitronenscheiben und Cayenne dekorieren.

Crab Puffs
Krabbenbällchen

36 Bällchen

2 EL Butter
2 EL Weizenmehl
150 ml Milch
1 Stange Sellerie, gehackt
1 mittelgroße Zwiebel, gehackt
1 EL Öl
125 g Krabbenfleisch
2 Eier
1 Prise Thymian
1 Prise Oregano
1 Prise Cayenne
100 g Salzkekse, zerbröselt
Öl zum Frittieren

Die Butter auf schwacher Hitze schmelzen und das Mehl einrühren. Vom Feuer nehmen. Die Milch mit einer Schneerute einschlagen, bis das Mehl aufgelöst ist. Unter ständigem Rühren auf kleiner Flamme erhitzen, bis die Sauce dick wird.
Sellerie und Zwiebel in Öl anschwitzen. Das Krabbenfleisch, die weiße Sauce, die Eier, Thymian, Oregano, Cayenne und Salzkeksbrösel einrühren. Die Masse in mundgerechte Bällchen formen. Im Öl goldbraun backen. Auf Küchenpapier abtropfen.
Mit Baguette, Salat und scharfen Saucen, also z.B. Tabasco, servieren.

Cranberry Orange Glazed Ham
Schinken mit Preiselbeer-Orangen-Glasur

2 kg geräucherter Schinken
80 g brauner Rohrzucker
5 EL Preiselbeerkompott
3 EL scharfer englischer Senf
2 unbehandelte Orangen, geschält, in Scheiben
5 Gewürznelken
1 kleine Stange Zimt in 3–4 Stücken

Das Backrohr auf 175 °C vorheizen. Den Schinken mit der Schwarte nach unten auf einem Rost in einen großen Bräter legen. Ohne zusätzliche Flüssigkeit 90–120 Minuten backen. Das Fleisch sollte sich mit einer Gabel leicht anstechen lassen.

Die Temperatur auf 225 °C erhöhen. Die Schinkenschwarte abschneiden und den Fettrand belassen. Diesen Rand kreuzweise in 3 cm Abständen bis zum Fleisch einschneiden. Zucker, Preiselbeerkompott und Senf mischen und den Schinken auf allen Seiten mit der Würzmischung bestreichen. Die Mischung auch gut in die Einschnitte streichen. Die Orangenscheiben mit den Gewürznelken sowie die Zimstangen-Stücke an den Kreuzungsstellen der Einschnitte feststecken. Den Schinken auf den Rost zurücklegen. Bratensaft darübergießen und die Glasur 15–20 Minuten im Rohr karamellisieren lassen.

Den Schinken abkühlen lassen und in dünne Scheiben schneiden. Auf einer Platte mit Kartoffelsalat anrichten oder als Sandwich auf Weißbrot, mit Mayonnaise bestrichen, mit Salatblatt und Tomatenscheibe reichen.

Blueberry Muffins with Maple Syrup
Heidelbeermuffins mit Ahornsirup

12 Stück

Haferflockenstreusel
70 g Weizenmehl
70 g Zucker
50 g Haferflocken
Schale einer unbehandelten Orange, 1 Prise Zimt
6 EL Butter
50 g Pekannüsse, grob gehackt

Muffinteig
450 g Heidelbeeren, frisch oder tiefgekühlt
350 g Weizenmehl
120 g Zucker
3 TL Backpulver
1 Prise Salz
350 ml Buttermilch
60 ml Öl
2 Eier
Vanilleessenz

2 EL Ahornsirup, 2 EL Butter für die Form oder Muffinmanschetten

Das Backrohr auf 200 °C vorheizen. Die Vertiefungen des Muffinblechs buttern oder mit Muffinmanschetten auslegen.
Für die Streusel das Mehl mit dem Zucker, den Haferflocken, Orangenschale und Zimt vermischen. Die Butter in kleinen Würfeln hinzufügen und rasch einkneten. Pekannüsse einarbeiten.
Die Heidelbeeren waschen bzw. auftauen und mit 2 EL Mehl vermischen. Das restliche Mehl in einer großen Schüssel mit Zucker, Backpulver und Salz vermischen. In einer frischen Schüssel Buttermilch mit Öl, Ei und Vanilleessenz verrühren, aber nicht aufschlagen. Die Mehlmischung portionsweise in die Buttermilchsauce einrühren. Zuletzt die Heidelbeeren unterheben.
Den Teig in die Vertiefungen des Muffinblechs verteilen, mit Haferflockenstreuseln bestreuen und etwa 25 Minuten backen, bis die Muffins goldbraun sind und eine Stichprobe der Mitte eines Muffins keinen Teig mehr zeigt. Muffins mit Ahornsirup beträufeln.

Black Veils
Schwarze Schleier

Stanitzel
Butter für das Backblech
2 Eier
2 eischwer Zucker
Vanilleessenz
3 EL Wasser
2 eischwer Weizenmehl
1 EL Kakaopulver
1 Msp Backpulver

Füllung
1 Blatt Gelatine
250 ml Obers
2 EL Staubzucker
1 EL Rum
150 g Früchte der Saison

Das Backrohr auf 180 °C vorheizen. Ein Backblech kräftig einfetten. Eier, Zucker, Vanilleessenz und Wasser zart schaumig schlagen. Das Mehl mit dem Kakao und dem Backpulver mischen und leicht unter die Eiermischung heben. Die Masse esslöffelweise in dünnen Scheiben auf das Blech streichen und backen, bis der Teig knapp durchgebacken ist. Die Scheiben sofort ablösen und zu Stanitzeln formen.
Die Gelatine in kaltem Wasser einweichen. In einem sehr kleinen Topf schmelzen. Das Obers mit Staubzucker und Rum steif schlagen. Die aufgelöste Gelatine zur Stabilisierung des Obers kurz vor dem Fertigschlagen hinzufügen. Die Stanitzel mit dem Schlagobers füllen und mit Früchten dekorieren.

Café Brûlé
Cognacpunsch mit Kaffee

1 Glas

3 Streifen Zitronenschale, unbehandelt
Feinkristallzucker
1 sehr kleine Zimtstange
5 cl Cognac
10 cl starker heißer Kaffee

Den Rand eines feuerfesten Becherglases mit einem Streifen Zitronenschale einreiben und in den Kristallzucker tauchen, um einen gleichmäßigen Zuckerrand zu bekommen.
Die beiden übrigen Streifen Zitronenschale in das Glas geben, die Zimtstange hinzufügen.
Einen Kaffeelöffel in das Glas geben, den Cognac in einem kleinen Schöpfer erhitzen und hineingießen. Den Cognac anzünden und Kaffee zugießen, sobald die Flamme erloschen ist.

Kleines österreichisch-deutsches Küchenglossar

Backrohr – Backofen
Biskotte – Löffelbiskuit
Brösel – Paniermehl, geriebenes Weißbrot
Dotter – Eigelb
Eidotter – Eigelb
Eiklar – Eiweiß
Faschiertes – Hackfleisch
Fisole – Grüne Bohne
Germ – Hefe
Heidelbeere – Schwarzbeere, Blaubeere
Karfiol – Blumenkohl
Karotte – Möhre
Kochschokolade – Haushaltsschokolade
Kohl – Wirsing
Marille – Aprikose
Melanzani – Aubergine
Obers – Sahne
Rahm – Saure Sahne
Rohr – Ofen
Rote Rübe – Rote Bete
Sauerrahm – Saure Sahne
schlagen – kräftig rühren
Schlagobers – Schlagsahne
Semmelbrösel – Paniermehl
Stanitzel – Tüte
Staubzucker – Puderzucker
Sulz – Sülze
Topfen – Quark
Trockengerm – Trockenhefe
Weichsel – Sauerkirsche

Margot Fischer

ist Anglistin, Ernährungswissenschaftlerin, Autorin und Gastronomin. Weiters Lektorin, Beraterin und Coach im ernährungswissenschaftlichen Bereich. Im Mandelbaum Verlag erschien von ihr *Wilde Genüsse. Eine Enzyklopädie der essbaren Wildpflanzen von Adlerfarn bis Zirbelnuss.* Weiters übersetzte sie Claudia Rodens Standardwerk *Das Buch der Jüdischen Küche*, das ebenfalls im Mandelbaum Verlag erschien.

Rezeptverzeichnis

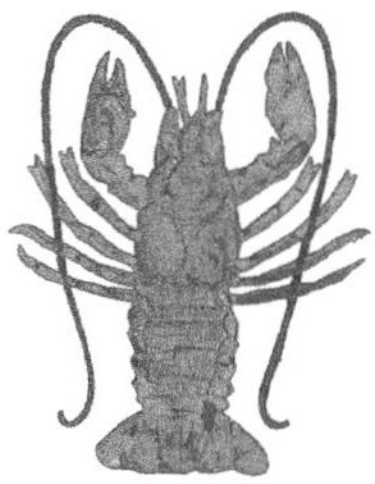

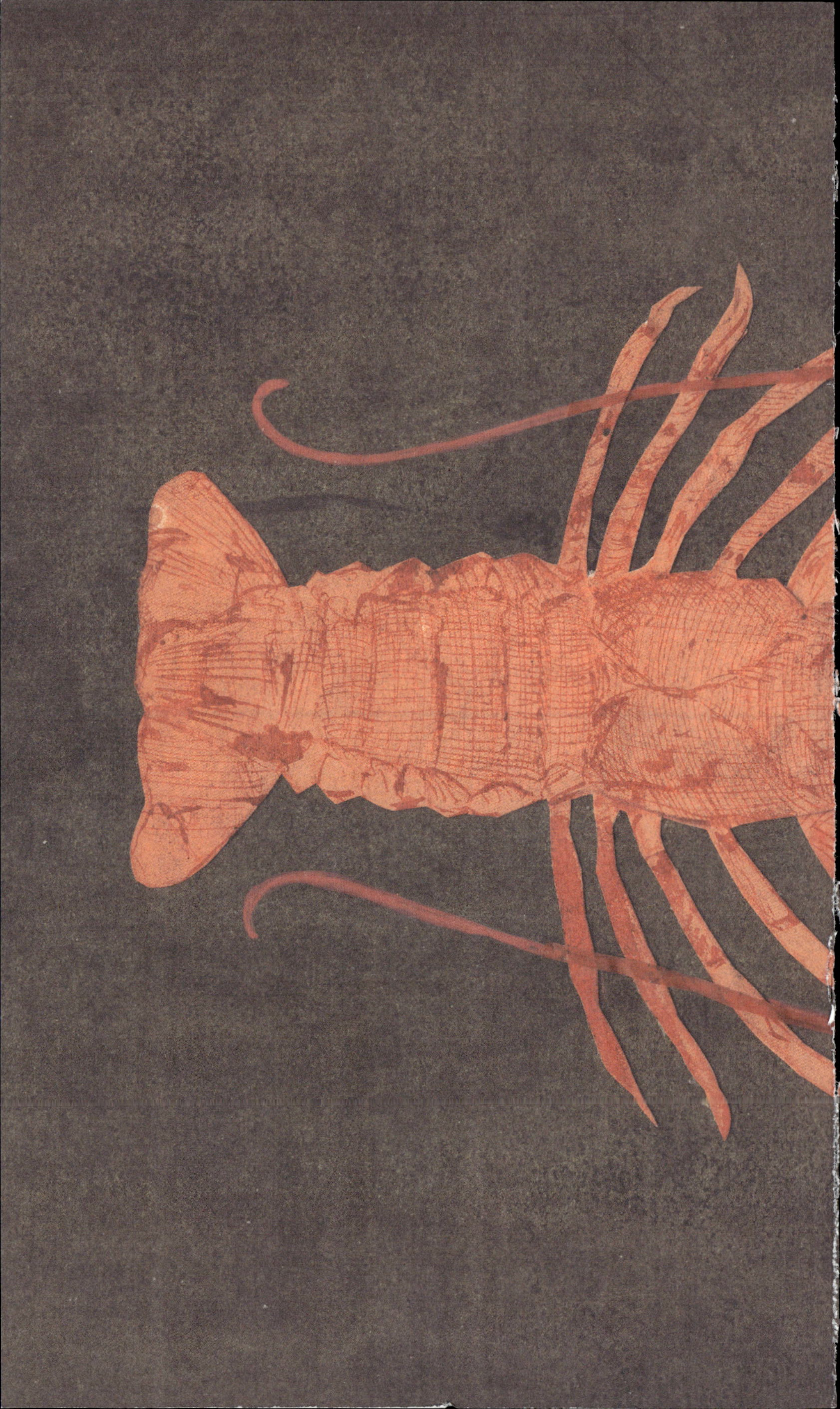